Samedi 1er [illegible] 80 10
8h/11h[illegible].

7.

LE GRAND LIVRE
DES PROVERBES CHINOIS

Un livre présenté par Erik Pigani

Si vous désirez recevoir notre catalogue et être tenu au courant de nos publications, envoyez vos nom et adresse, en citant ce livre, aux Presses du Châtelet,
4, rue Chapon, 75003 Paris,
Et, pour le Canada, à
Édipresse Inc., 945, avenue Beaumont,
Montréal, Québec H3N 1W3.

ISBN 2-911217-65-9

LE GRAND LIVRE DES PROVERBES CHINOIS

traduits et présentés
par Patrice Serres

PRESSES DU CHÂTELET

Avant-propos

« Les Chinois, ils font comme les Français mais… à l'envers ! » Cette phrase, entendue il y a quelques années sur France Inter, était prononcée par un petit Parisien devant ses camarades de classe. Elle résumait, dans son esprit, tout un ensemble d'observations réalisées au cours de vacances passées avec ses parents en Chine. Il avait été frappé par une multitude de détails de la vie courante : par exemple, il s'était aperçu que les Chinois, comme nous, comptent sur leurs doigts, mais en commençant par l'auriculaire (au lieu du pouce), ou encore qu'ils épluchent fruits et légumes avec un couteau, mais le tranchant de la lame tourné vers l'extérieur, ou enfin que la couverture de leurs livres correspond à notre quatrième de couverture et que leurs boussoles indiquent le Sud…

En découvrant la Chine et ses habitants, l'enfant avait eu l'impression curieuse de contempler ses semblables à travers un miroir dont, comme celui d'Alice, la surface pouvait être traversée et débouchait sur une étrange symétrie. Cette plongée dans l'incompréhensible l'avait amené à réfléchir. Dans cet espace immense et lointain comme un autre monde, les indications nécessaires à la vie ordinaire, pourtant bien présentes, audibles et visibles mais obéissant à une symbolique différente, devenaient illisibles, opaques. Le gamin faisait l'expérience d'une émotion très particulière : se sentir *« comme un illettré dans le métro »*.

Pour peu que le pays ne lui soit pas hostile, la masse bruissante d'une langue inconnue constitue une enveloppe délicieuse qui protège le voyageur de toutes les aliénations de sa langue maternelle ; les a priori, l'origine sociale ou régionale du locuteur, son degré de culture, d'intelligence, de goût, l'image à travers laquelle il se constitue comme personne et qu'il vous demande de reconnaître. La langue inconnue, dont on saisit la respiration, l'émotion, forme autour de soi comme un léger vertige, entraîne dans un vide artificiel. On vit dans l'interstice, débarrassé de tout sens plein. C'est le lieu idéal pour observer à loisir les signes et les mécanismes culturels qui les font naître, débarrassés de la domination des codes. Et si fixer un rendez-vous (par gestes, dessins, onomatopées) prend beaucoup de temps, c'est tout le corps de l'autre qui a été connu pendant ce laps de temps, goûté, reçu et qui a déployé, sans fin véritable, son propre récit – son propre texte.

Or, il se trouve qu'en Chine l'empire des signifiants est si vaste, excède à tel point la parole et l'écriture que l'échange des signes reste d'une richesse, d'une mobilité et d'une subtilité fascinantes en dépit de l'apparente opacité de la langue.

Nous savons que les concepts principaux de la philosophie aristotélicienne ont été en quelque sorte contraints par les articulations de la langue grecque. Combien, inversement, il serait bienfaisant de se transporter dans une vision des différences irréductibles que peut nous suggérer, par lueurs, une langue très lointaine ; descendre dans l'intraduisible, en éprouver une secousse jusqu'à ce qu'en nous vacillent les droits de la langue maternelle.

Tels chapitres de Margouliès, d'Etiemble ou de Granet sur le chinois, tel propos d'un ami sur la calligraphie ouvrent le romanesque intégral permettant d'entrevoir un paysage que notre parole, celle dont nous sommes propriétaires, ne pouvait ni deviner ni découvrir.

L'écriture chinoise, réputée pour être l'une des plus indéchiffrables de la planète, se présente, paradoxalement, comme une langue universelle.

Pouvons-nous imaginer un système linguistique unique rendant compte d'une dizaine d'idiomes aussi étrangers les uns aux autres que le serait l'italien du persan ou le suédois du bambara ? C'est pourtant cette imagination qui nous est demandée quand nous pratiquons le calcul ou la comptabilité : les rangées de chiffres que nous alignons peuvent être lues – dans leurs langues – par un Espagnol aussi bien que par un Allemand, un Australien ou un Russe.

Pourquoi sommes-nous si convaincus de la supériorité de nos alphabets alors que nous en faisons quotidiennement le quasi-abandon dans la pratique des sciences exactes ou, tout simplement, quand nous voulons être précis et concrets ? Nos chiffres (arabes) et les signes mathématiques qui les accompagnent s'écrivent, comme le chinois, en idéogrammes et, comme tels, sont devenus universels. Le catalogue exhaustif de ces signes tient aisément sur le clavier d'un ordinateur et n'importe qui peut raisonnablement penser qu'il est possible d'en acquérir la maîtrise sans recourir à un système organisé, autre que l'ordre naturel, pour les mémoriser.

Il semblerait, vu d'Occident, qu'il n'en aille pas de même avec la langue écrite chinoise.

Or, les quarante-cinq mille « *han zi* » (caractères) qui la composent, « logiquement » inclassables puisqu'ils échappent à un ordre phonétique arbitraire mais limité, l'alphabet, sont cependant *classés dans des dictionnaires*. Admirable présence du corps dans l'écriture, le nombre et l'ordre des gestes nécessaires à leurs tracés déterminent la typologie des signes.

Si, comme dit Mallarmé, l'écriture est « faite des gestes de l'idée », chaque caractère est singulier. Mais cette singularité ne vise pas à l'original, à l'individualité, elle n'est pas ici surpassement, victoire : elle n'est que *différence*. C'est pourquoi la beauté calligraphique ne s'y définit pas par une singularité inaccessible. Elle est reprise çà et là, elle court de différence en différence, disposée dans un grand syntagme.

« L'idée n'est pas le mot : elle *vit* dans le mot », dit le sage taoïste. Chaque idéogramme définit le cadre d'un concept afin de le rendre préhensile par la pensée tout en le gardant vivant. Ici, pas de conjugaison, pas de pluriel, pas de genre, pas de déclinaison, l'émotion ne poisse plus, n'inonde plus, ne submerge plus, elle devient lecture. Les stéréotypes disparaissent sans que, pour autant, le texte ne verse dans l'originalité, la « trouvaille ». C'est le règne de la *citation*, la pincée d'écriture, le fragment, car aucun auteur ne peut prendre au compte de sa propre personne ce qu'il n'est jamais seul à écrire.

Les conversations sont faites du tressage des codes. Les références, les constats détachés, multiplient les points de vue et les mettent en réseaux par le jeu d'une combinatoire qui définit l'espace de la langue. Ce qui est commencé par l'un est repris et continué par l'autre, sans trêve.

La nature même du chinois, dont la brique élémentaire est la monosyllabe signifiante, la mélodie de sa phrase composée de l'alternance des tonalités longues et brèves, l'invariabilité des mots et une grammaire *subliminale* tenant plus de l'arithmétique positionnelle que de l'analyse logique, établissent une coupure nette entre style parlé et écrit.

Dans un énoncé, toute syllabe a un sens lexical ou fonctionnel. Toutefois, prononcée seule, elle sera probablement incompréhensible. Pour une unique émission de voix, une multitude de sens possibles. Seuls les contextes permettent à l'auditeur d'en établir correctement le sens.

Dans sa forme écrite, la syllabe devient caractère. *Connaître* un caractère implique que l'on sait ce qu'il signifie. Le contexte est a priori moins important que dans le discours parlé.

La syllabe *li* (quatrième ton), par exemple, correspond à plus d'une trentaine de caractères, chacun possédant une signification différente. Parmi elles :

1 – Fonctionnaire, employé ; 2 – Profit, gain, intérêt ; 3 – Dysenterie, diarrhée ; 4 – Debout, redressé ; 5 – Force, énergie, puissance ; 6 – Exemple ; 7 – Arriver, venir ; 8 – Chapeau de paille ; 9 – Dépendre, soumis ; 10 – Beau, joli ; 11 – Cheval noir ; 12 – Nèfle (li de « *litchi* ») ; 13 – Marron, châtaigne ; 14 – Trembler, frissonner ; 15 – Galet, gravier ; 16 – Sévère, brutal, méchant ; 17 – Encourager, stimuler ; 18 – Passé, successif ; 19 – Calendrier ; 20 – Filtrer ; 21 – Injure, outrage.

Aucun de ces idéogrammes n'est strictement monosémique mais, pour chacun d'eux, la gamme des sens possibles (quoique contenue dans un concept unique) est beaucoup plus réduite que pour la syllabe *li*.

L'écriture s'est longtemps cristallisée dans une forme classique (« *wen yan* ») définie sous les Han et maintenue, tant bien que mal, jusqu'au début de notre siècle.

Provenant d'anciennes formes orales, de petites structures cadencées, très particulières, très reconnaissables, comprenant un nombre réduit de caractères (le plus souvent quatre) apparaissent comme autant de pierres précieuses serties dans cette littérature de lettrés – une manière d'*illustration sonore*. Mais c'est dans la langue parlée que ces mêmes structures (devenant groupes de syllabes) se sont arrogé, au fil du temps, une fonction de « balises signalétiques » dans la phrase, puis de modèles pour la création des « mots polysyllabiques » qu'une tendance naturelle « d'usage », mais surtout le complexe chinois du sous-développement au début du XXe siècle, a fait naître face à l'arrogante conception coloniale des langues « civilisatrices » assujetties à une grammaire (forcément perçue comme idéal d'efficacité puisque apanage du dominant). Ces petits groupes de « caractères syllabes », toujours construits à partir d'un paradoxe ou de ce qui, au moment de leur élaboration, pouvait être considéré comme tel, définissent des concepts à la fois plus vastes et plus précis que ceux véhiculés par les idéogrammes. Ils utilisent l'immense fonds culturel de l'antiquité chinoise pour créer, à partir d'anecdotes, de morales ou de modes de pensée, des codes de conduite qui, par simple extension et usure du vocabulaire, deviendront des symboles ou des images avant de se transformer en catachrèses ou de s'annihiler en pures « expressions idiomatiques ».

Ainsi, « *Bu ji bu li* » (pas près, pas loin) provient du confucianisme et fait référence à l'*attitude juste* que doit adopter l'élève à l'égard de son maître. Il a évolué, au cours du temps, pour s'élargir en précepte de politesse générale ; plus tard, il s'est teinté d'une légère couleur péjorative (garder ses distances) tout en conservant une facette admirative pour cette habileté sociale (se faire respecter) ; hier, il était encore l'expression de la précision et de la justesse dans le geste quand, devenu slogan commercial, il s'est mis à désigner l'objet matériel qu'il était chargé de promouvoir : le « *Pouchipouli* », cet étrange bandeau souple constitué de petites perles de bois qui masse le dos *ni trop près, ni trop loin*.

Les Chinois appellent ces petites formations : « *yan yu* » ou « *su yu* » qu'on traduit généralement par « proverbe », bien qu'ainsi on englobe dans une même conception deux fonctions lexicographiques (l'une chinoise et l'autre occidentale) très différentes.

Pourtant, force est de constater qu'une simple version de ces « *yan yu* » exprimée dans l'une quelconque de nos langues européennes devient un proverbe, un dicton, un adage ou une maxime. Mieux, même, on a souvent l'impression d'en retrouver le pendant symétrique dans nos folklores. Il est, alors, tentant de se laisser aller au jeu des équivalences. C'est un leurre ! Le calque ne coïncide jamais, les pensées (les *points de vue*) sont toujours en léger décalage laissant apparaître çà et là une facette, un point de fuite, une ombre, dont l'autre langue, par sa nature même, ne peut rendre compte.

Il est possible de regarder des images stéréoscopiques sans lunettes spéciales. Il suffit, pour cela, de projeter son regard au-delà de la surface du papier. Les deux photographies apparaîtront de plus en plus floues puis glisseront l'une sur l'autre jusqu'à coïncider pour en former une troisième. Ainsi, mettre les inframécanismes de la pensée de deux grandes cultures en vis-à-vis et les faire se superposer à l'occasion de la mise en abyme d'une idée c'est, soudain, penser en relief.

Dans le présent ouvrage, pour la transcription des caractères chinois, nous utilisons – à quelques exceptions près (« Confucius », « Shanghai », « Canton », « Pékin ») – l'alphabet phonétique Pin Yin en vigueur depuis 1958. Ce système n'ayant pas été conçu spécialement pour des francophones, la lecture des différentes lettres n'est pas toujours la même qu'en français. Voici donc les quelques équivalents français (ou plutôt leurs approximations commodes) des principaux écarts de prononciation :

Initiales :

- *z* (dz), *c* (ts), *zh* (dj), *ch* (tch), *r* (j), *j* (cs), *q* (ksi) ;
- *b, d, g* : plus sourdes qu'en français (plus proches de *p, t, k*) ;
- *p, t, k* : aspirées ;
- *h* : sans équivalent en français ; note un son proche du *ch* allemand.

Non-initiales :

- *u* (ou), sauf après *j, q, x* (u) ;
- *ü* (u) ;
- *i* se prononce (i) sauf après *z, c, zh, ch, sh, r,* où il note une absence de finale réalisée et se prononce (e) ou (eu). Après *a* et *u*, il se prononce (ei) ;
- *n* (nne) n'est jamais un signe de nasalisation de la voyelle précédente. Exemple : *an* (anne) ; *lun* (lounne) ; *ling* (linngue) ;
- *r* (eul).

Tons :

Il y a quatre tons distinctifs. On ne les a pas notés ici dans la transcription.

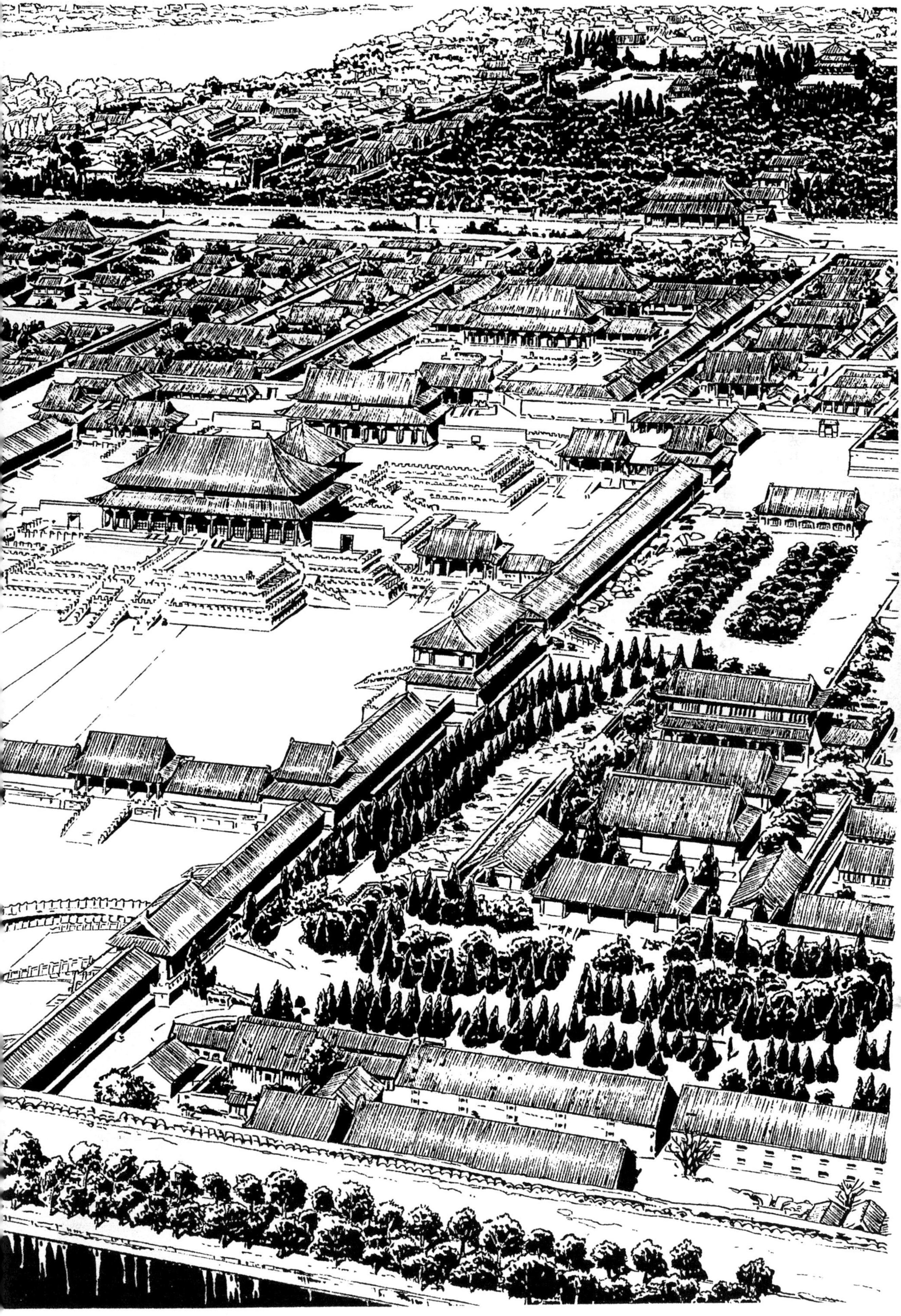

A

Abondance (fu)

富

Ciel et terre font croître ce qui est bon.
(Yi King)

L'abondance s'entoure d'un haut mur.
(Zhuang Zi)

Pas de véritable abondance sans perfection morale.
(Li Ru Hang)

Qui vit près d'un grand arbre ne manque jamais de bois de chauffage.
(Tradition populaire)

Abri (yin cang)

隱 藏

Le grand jour est un abri plus sûr que l'ombre de la nuit.
(San Shi Liu Ji)

Seul un dragon est à l'abri chez les dragons et un tigre chez les tigres.
(Tradition populaire)

Comme l'animal qui hiberne bouche l'entrée de son terrier, l'homme répare la double enceinte de la ville au premier mois d'hiver.
(Li Yue Ling)

Le chasseur amène toujours le tigre à quitter son abri dans la montagne.
(Shui Hu)

Absolu (jue dui)

絕對

Les principes absolus demeurent informulés.
(Zhuang Zi)

La pensée dans l'absence de pensée, c'est la manifestation de l'absolu.
(Shen Hui)

Abus (lan yong)

濫用

Une fois, c'est déjà trop ! Deux, serait-ce raisonnable ?
(Shi Ji Wu Yuan)

Celui qui ose un tel abus, que se permettra-t-il ?
(Lun Yu)

Accouchement (fen mian)

分娩

La jeune mère a sifflé ; maintenant, elle chante.
(Shi Xiao Ya)

Le prince Zhuang est né pendant le sommeil de sa mère.
(Se dit à propos de quelqu'un qui ne veut déranger personne.)
(Zuo Chuan)

Accouplement (lan jie)

連結

Cheval et vache ne peuvent s'accoupler.
(Zuo Chuan)

Accusé (bei gao)

被告

De tous les accusés, le coupable est celui qui parle de bienveillance, de justice et de vertu.
(Tradition populaire)

Devant le tribunal, l'accusé est enchaîné à la deuxième heure.
(Le caractère « chou » 丑 ressemble, par sa graphie, aux menottes ou entraves en bois utilisées par les magistrats pour lier les poignets des prisonniers ; ce même caractère est le nom donné à la deuxième heure des Chinois – de une à trois heures du matin ; en outre, il signifie « laideur ».)
(Tradition populaire)

Acheter (mai)

買

On reconnaît l'acheteur habile à sa charrette bien chargée.
(Tradition populaire)

Au parvenu ignare, pourquoi proposer les plus beaux objets ?
(Tradition de Shanghai)

Acheteur bien intentionné ne peut rentrer désappointé.
(Proverbe devenu l'adage commercial de la guilde des soyeux de Hang Zhou)

Administration (xing zheng)

行政

Il y a trois sortes de fonctionnaires : les fonctionnaires remarquables, les fonctionnaires vulgaires et les fonctionnaires méprisables.
(Paraphrase populaire de Shu Li)

A sa première nomination, le fonctionnaire marche la tête inclinée ; à la deuxième, il marche les épaules inclinées ; à la troisième, il marche tout le corps incliné.
(Zuo Chuan)

Qui porte un lourd fardeau comprend l'homme qui remplit une charge publique.
(Shu Duo Fang)

L'employé d'un fonctionnaire intègre est maigre ; le prieur d'une divinité efficace est gras.
(Allusion aux offrandes des temples qui sont consommées par les bonzes.)
(Tradition populaire)

Qui étudie les sons connaîtra les airs ; qui étudie les airs connaîtra la musique ; et qui étudie la musique connaîtra l'administration.
(Li Le Ji)

Immobile sur la digue, le pélican ne mouille pas ses ailes.
(A propos d'un fonctionnaire inerte.)
(Shi Zhai Feng)

A administration tracassière, peuple malheureux.
(Dao De Jing)

Lorsque l'enfant atteint sa troisième année, il cesse d'être porté par ses parents.
(Se dit quand on retire une charge à un fonctionnaire.)
(Huang Li)

ADULTÈRE (WEI ZAO)

僞 造

Le cerf mange la pivoine.
(Le cerf, animal sauvage, mange une pivoine, fleur cultivée. Allusion appuyée à un adultère.)
(You Xue)

Homme adultère vaut moins que caille ou pie.
(Ces deux oiseaux ont une réputation de fidélité conjugale.)
(You Xue)

AFFAIRES (SHI WU)

事 物

La « bonne affaire » attire le naïf comme la flamme le papillon de nuit.
(Tradition populaire)

Mesquin d'abord, magnanime ensuite.
(Se dit au moment de traiter une affaire commerciale ; les questions matérielles doivent être réglées avant de passer aux cérémonies.)
(Tradition populaire)

On ne peut être acheteur et vendeur dans une même affaire.
(Tradition populaire)

Qui n'a pas le sens des affaires évite de s'en mêler.
(Littéralement : « bu wen bu wen », « pas comprendre, pas questionner ». Dicton typique de Shanghai à rapprocher de la fable des Trois Singes : « Ne pas voir, ne pas entendre, ne pas parler. »)
(Tradition de Shanghai)

Âge (shou ming)

壽 命

Quand un homme est à la moitié de sa vie, les « dix mille choses » s'arrêtent.
(Les dix mille choses représentent les futilités de la vie. L'homme mûr ne s'occupe donc plus que des choses essentielles.)
(Tradition populaire)

Qui n'a pas connu la gloire à trente ans ni la richesse à quarante n'a plus qu'à se tuer à cinquante.
(Tradition populaire)

A partir de quarante-quatre ans, les yeux commencent à piquer.
(Un adulte ému par un texte peut invoquer la presbytie pour justifier ses larmes.)
(Tradition populaire)

A quarante-cinq ans, un homme est un tigre hors de sa montagne.
(Se dit d'un homme méfiant, expérimenté et prêt à tout.)
(Tradition populaire)

Pendant les trente premières années, on ne peut pas se réveiller ; pendant les trente suivantes, on ne peut pas s'endormir.
(Tradition populaire)

Agriculture (nong ye)

農業

Le champ est le maître ; l'homme est son invité.
(Tradition populaire)

On plante un seul arbre ; on fait cent récoltes.
(Guan Zi)

Printemps sous les flocons, nouvel an fécond.
(You Xue)

Un sol plus riche donne des arbres plus forts.
(Livre des Zhou)

Au début de la cinquième lune, les céréales ont de la barbe.
(Les céréales sont presque mûres.)
(Mang Zhong)

Remercie le Ciel à l'automne pour la bonne moisson du printemps
(You Xue)

Mauvaises herbes qui prolifèrent restent plus longtemps en terre.
(Zuo Chuan)

L'imbécile tire sur les plantes en croyant les aider à pousser.
(Meng Zi)

Au neuvième mois, transforme ton jardin en aire pour y battre le grain.
(Shi Zheng Feng)

Travaux des champs accomplis à temps, récolte abondante.
(Meng Zi)

Aide (bang)

幫

Qui s'aide du Ciel agit avec raison.
(Yi King)

Aider autrui revient parfois à assister le tyran dans ses cruautés.
(Shi Ji)

Ailes (yi)

翼

Partir discrètement, c'est s'envoler sans avoir besoin d'ailes.
(Tradition populaire)

Il est des situations dont on ne peut s'échapper, même avec des ailes.
(Signifie également que la situation est si embrouillée qu'on ne peut pas la percevoir dans son ensemble, même en la regardant de haut.)
(Tradition populaire)

Alchimie (lian jin shu)

錬 金 术

Au plus fort de son ardeur, la flamme devient bleue.
(Se dit quand on approche de la perfection.)
(Tradition populaire)

Si l'on touche une pierre, il faut qu'elle se change en or.
(Par analogie avec le travail du correcteur qui améliore un texte en en modifiant quelques détails.)
(Lie Xian Chuan)

Au-dessus du foyer où se purifie le cinabre ondule la fumée.
(Signifie qu'un remède d'une efficacité merveilleuse se prépare – le cinabre étant considéré comme l'ingrédient principal des préparations alchimiques et magiques.)
(Jiang Yan)

Alcool (shao jiu)

烧 酒

Les mauvaises décisions se prennent autour des vases à liqueur et des tables surchargées de viandes.
(Hou Han Shu)

L'alcoolique parle comme la coupe inclinée et change de sujet cent fois au milieu de son discours.
(La coupe inclinée sert à rappeler aux invités leur devoir de modération. Elle se renverse d'elle-même quand on l'emplit.)
(Zhuang Zi)

Algèbre (dai shu)

代 數

Pratiquer l'algèbre, c'est compter une fortune avec de la fausse monnaie.
(Pour ne pas être impressionné par l'importance des chiffres que l'on manipule et, donc, mieux compter.)
(Tradition populaire)

Alliance (tong meng)

同 盟

Deux puissances opposées peuvent contracter une alliance passagère.
(Yi King)

Attaquant un pays voisin, le prince peut s'allier à un pays lointain.
(Provoque et exploite une distraction de l'adversaire.)
(San Shi Liu Ji)

S'allier avec l'éloigné pour mieux attaquer le proche.
(Contraction du précédent.)
(Tradition populaire)

AMBITION (XIONG XIN)

雄 心

Au terme de sa vie, le Vieil Homme aura peut-être la chance de voir s'élever dans les airs les nobles ambitions de sa jeunesse.
(Tradition populaire)

A cheveux courts, grande ambition.
(Zuo Chuan)

Celui qui marche trop vite risque de prendre le pas sur son aîné.
(Meng Zi)

De tous les instruments de mort, l'ambition est le plus meurtrier.
(Zhuang Zi)

ÂME (LING)

靈

On attire les âmes des défunts par la musique, les mets ou l'odeur de l'encens – jamais par les paroles.
(Confucius)

L'âme du fou sert le tigre qui a dévoré son corps.
(La folie asservit la totalité de l'être.)
(Tradition populaire)

S'approprier les paroles d'autrui, c'est lui voler son âme.
(Li Qu Li)

Pas de sérénité sans contraindre les mouvements naturels de l'âme.
(Confucius)

AMI (PENG)

朋

Comme l'eau courante ne peut croupir, les gonds de la porte d'un ami ne peuvent se gripper.
(Tradition populaire)

Au milieu de dix mille connaissances, un ami intime.
(Guan Xiu)

Le visage d'un ami réchauffe comme un rayon de soleil en hiver.
(You Xue)

Un ami, c'est une route ; un ennemi, c'est un mur.
(Tradition populaire)

D'amis disséminés entre les quatre mers, les bords du Ciel font des voisins.
(Wang Bo)

Deux amis voisins l'un de l'autre se voient aussi rarement que s'ils étaient aux deux bouts du monde.
(Jeu de mots autour de l'écoulement du temps symbolisé par le caractère « yue », lune : le caractère « peng », ami, est composé de deux fois le caractère « yue » et les deux endroits les plus éloignés sur Terre se trouvent traditionnellement au lever et au coucher de la lune.)
(Version populaire du précédent)

月	朋
yue (lune)	peng (ami)

Qui aime son ami l'aide à se corriger.
(Lun Yu)

Qui aime son ami cherche à lui être utile.
(Zuo Chuan)

Deux hommes unis par la plus étroite amitié doivent pouvoir donner leur tête l'un pour l'autre.
(Shi Ji)

Il est trois sortes d'hommes qui font de bons amis : les hommes droits, les hommes sincères et les hommes qui ont beaucoup appris.
(Lun Yu)

Il faut se méfier des proclamations d'amitié autour d'une table.
(Tradition populaire)

Amour (ai)

嬡

Chair pure comme de la glace, os doux comme le jade ; mon aimée a la beauté de la fleur de prunier.
(Tradition populaire)

Le pas est vite franchi de la passion amoureuse à l'indifférence.
(Du Mu)

Quelle est la plus belle des femmes ? Celle dont on est amoureux !
(Tradition populaire)

Comme le poisson ne peut se passer d'eau, deux amants ne peuvent vivre l'un sans l'autre.
(Guan Zi)

Anatomie (jie pou xue)

解剖學

Les trésors du corps sont enfermés dans des magasins disséminés sous la peau.
(Tradition populaire)

Le pouce du médecin écoute ce que dit « la bouche longue d'un pouce ».
(Endroit près du poignet où la médecine chinoise traditionnelle préconise de prendre les pouls.)
(Tradition populaire)

Apprendre (xue)

學

Il est des idées qui entrent facilement dans la tête mais ressortent difficilement par la bouche.
(Tradition populaire)

Il suffit qu'un homme avisé entende une chose pour en apprendre dix.
(Tradition populaire)

Celui qui aime à apprendre est bien près de savoir.
(Confucius)

Apprendre, c'est parcourir les montagnes de couteaux avec des sandales de paille.
(Dans les Triades, la « Sandale de Paille » est le messager, grade important. En Cantonais de Hong Kong, le même grade correspond au caractère « dang » (prononcer « tong ») qui se traduit par « société », et, par extension, décrit aussi la célèbre chaussure nu-pieds.)
(Tradition populaire)

Cent trous, mille plaies, c'est le commencement de la connaissance.
(Acquérir un savoir nécessite de traverser des épreuves.)
(Tradition populaire)

Arbre (shu)

樹

Un arbre seul n'est pas une forêt.
(Li Sao)

En dix ans, on fait un arbre ; en cent ans, on fait un homme.
(Guan Zi)

Sacrifier le prunier pour sauver le pêcher.
(Allusion à un poème à chanter ancien.)
(Annales de la dynastie Jin)

Arc (gong)

弓

Arrivé au sommet, il faut encore grimper sur une perche de cent pieds. Alors, toutes les flèches décochées iront au centre de la cible.
(Il faut faire beaucoup d'efforts pour se donner les moyens d'atteindre le but qu'on s'est fixé.)
(Han Fei Zi)

Le sage érudit est comme l'archer : patient, rapide, précis, prévoyant.
(Kong Si)

Une fois les oiseaux tués, on cache l'arc.
(Se dit pour rappeler à une personne ingrate les services qu'on lui a rendus.)
(Shi Ji)

L'archer change la corde usée et tend son arc à nouveau.
(Se dit d'un changement de méthode pour atteindre le même but.)
(San Guo Shi)

Apprendre à écrire le mot « clou » est parfois plus utile qu'apprendre à bander un arc.
(Tradition populaire)

丁

En forme de clou, « ding » (ci-contre) est, d'une part, le caractère le plus simple à tracer et, d'autre part, il se traduit par « viril », « descendance », « enfant mâle » ; accessoirement, c'est aussi un des caractères du cycle lunaire qui correspond au feu, à midi et à l'acte sexuel mâle.

Argent (qian)

钱

Quand l'argent est sorti, on ferme sa bouche, ses yeux et ses oreilles.
(Paraphrase de Lao Zi à rapprocher de la formule du bonheur de la fable des Trois Singes : « Ne pas voir, ne pas entendre et ne pas parler ».)

L'or se révèle à l'épreuve du feu, le cœur de l'homme à l'épreuve de l'argent.
(Tradition populaire)

Demi-livre ou huit onces ?
(Seize onces forment la livre chinoise ancienne ; équivaut à notre « Bonnet blanc, blanc bonnet ».)
(Tradition populaire)

On ne peut exiger d'officiers mal payés qu'ils soient intègres.
(Sun Tseu)

Avant la bataille, l'argent à qui risque sa vie !
(Adage des armées impériales. La solde était payée avant le combat et son montant dépendait des risques librement consentis par le soldat.)
(Cri de guerre des « Tong » et des Triades)

Le riche cale les pieds des tables avec des lingots d'argent.
(Tradition populaire)

L'avare est le gardien et l'esclave de son propre argent.
(Tradition populaire)

Les changements de monnaie conduisent le peuple à la fourberie.
(Yan Tie Lun)

Armes (xie)

械

Mieux vaut se battre à mains nues plutôt qu'avec des armes émoussées.
(Tradition boxer)

Les armes éprouvent les forces de l'ennemi ; les armes de l'ennemi éprouvent nos propres forces.
(Su Xiong)

On ne forge pas une bonne épée avec du mauvais fer.
(Tradition populaire)

Armée (wu)

武

Dans la bataille, l'étendard du général est moins important que le centre du commandement de l'armée.
(San Shi Liu Ji)

Prendre parti, c'est recruter des soldats et acheter des chevaux.
(Tradition populaire)

Les soldats qui craignent leur propre général ou leurs ennemis perdent la bataille ; ceux qui en rient la remportent.
(Sun Zi)

Le général qui enfile sa cuirasse redoute qu'elle ne grimace.
(La cuirasse qui grimace symbolise une armée sur le point de se mutiner.)
(Zhou Li Han Ren)

La sévérité d'un chef d'armée doit surpasser son indulgence.
(Han Fei Zi)

Les soldats valent par leur qualité, pas par leur nombre.
(Tradition populaire)

Arrêt (bi)

閉

Avant de s'arrêter à l'étape, il faut gravir le chemin.
(Guan Yi Pou Sa Ling Ji)

Il ne faut pas avoir peur d'être lent, seulement d'être arrêté.
(Tradition populaire)

Celui qui monte sans cesse finit par être arrêté.
(Yi King)

Arriviste (xing jin zhe)

倖進者

L'arriviste sait, au gré des circonstances, se faire baleine qui dévore sa proie ou ver à soie qui grignote les feuilles de mûrier.
(Tradition populaire)

ART (YI)

藝

Cinq notes de musique, mais nul n'a entendu toutes leurs variations ; cinq couleurs, mais nul n'a jamais admiré toutes leurs nuances ; cinq saveurs, mais nul n'a goûté tous leurs mélanges : arts inépuisables comme le cours des fleuves.
(Sun Zi)

Apprendre la peinture, c'est pénétrer dans un jardin grand comme un grain de moutarde.
(Jie Zi Yuan Hua Chuan)

Le jade n'est pas l'objet ; c'est le travail de l'artiste qui donne sa forme à la matière.
(Li Ji)

Le peintre doit s'efforcer d'imiter ses quatre sujets favoris : plier sans rompre tel le bambou, renaître en hiver tel le prunier, s'élever au-dessus des conditions adverses tel le chrysanthème et représenter l'élégance suprême telle l'orchidée.
(Jie Zi Yuan Hua Chuan)

ARTIFICIEL (REN GONG)

人 工

Est-il possible de raccourcir les pattes d'une cigogne ou de rallonger celles d'un canard ?
(Se dit à propos d'actes contre nature.)
(Zhuang Zi)

ATTAQUE (GONG JI)

攻 擊

S'allier avec l'éloigné pour mieux attaquer le proche.
(Dérivé du précédent.)
(Tradition populaire)

Attaquer les places fortes est la plus mauvaise des politiques.
(Sun Zi)

Un petit État en attaque un grand ; la licence triomphe de la justice.
(En Chine, on considère que la force donne des droits et on fustige les présomptueux.)
(Zuo Chuan)

Attendre (deng)

等

Attendre le moment propice, c'est avoir assez de force en soi pour retenir ses troupes.
(Sun Zi)

Attention (dang)

當

Ce que tous les yeux voient, ce que toutes les mains désignent, exige aussi une grande attention.
(Da Xue)

On peut manquer d'attention dans les petites choses, pas dans les grandes.
(Song Shi Liu)

Attitude (tai)

態

Confucius était doux avec gravité ; son langage était ferme.
(Lun Yu)

AVANTAGE (LI)

利 益

La bienveillance et la justice sont les seuls vrais avantages.
(Meng Zi)

Il faut retrancher pour écarter les désavantages et ajouter pour augmenter les avantages.
(Yi King)

AVARE (LIN SE)

吝 嗇

L'avare économiserait jusqu'à son dernier quart d'heure de vie.
(Tradition populaire)

Confucius dit : « Votre conduite n'est pas correcte ; tant de parcimonie fait peser une trop lourde charge sur les inférieurs. »
(Se dit pour exprimer sa réprobation à propos d'un sens de l'économie exagéré.)
(Chun Qiu)

A force d'amasser, l'avare amasse aussi l'infortune.
(Zuo Chuan)

Celui qui se contente d'aliments de terre et de soupes de boue proposerait à ses invités des galettes de sable.
(Se dit de celui qui, vivant dans l'avarice, a perdu le sens des valeurs communes et devient mesquin.)
(Han Fei Zi)

AVIS (QUAN)

勸

Seuls les sages peuvent supporter les avis qui ne flattent pas l'oreille.
(Han Fei Zi)

Les vrais avis font mal aux oreilles.
(Variante populaire du précédent)

Le maître n'est jamais avare de ses avis.
(Formule de politesse)

Le sage n'a pas honte de prendre l'avis d'un inférieur.
(Tradition populaire)

L'avis d'un souverain à l'écoute de son peuple est révéré comme venant du Ciel.
(Li Fang Ji)

Il est difficile de construire sa maison en demandant sans cesse l'avis des passants.
(Plusieurs conseils, même judicieux, peuvent être contradictoires et, de ce fait, retarder l'action.)
(Shi Jing)

Au mauvais souverain, les avis font comme des oreillettes de jade.
(Se dit de quelqu'un qui n'en fait qu'à sa tête et néglige les bons conseils.)
(Guo Yu)

Qui demande des avis grandira, qui suit sa propre opinion diminuera.
(Shu Zhong)

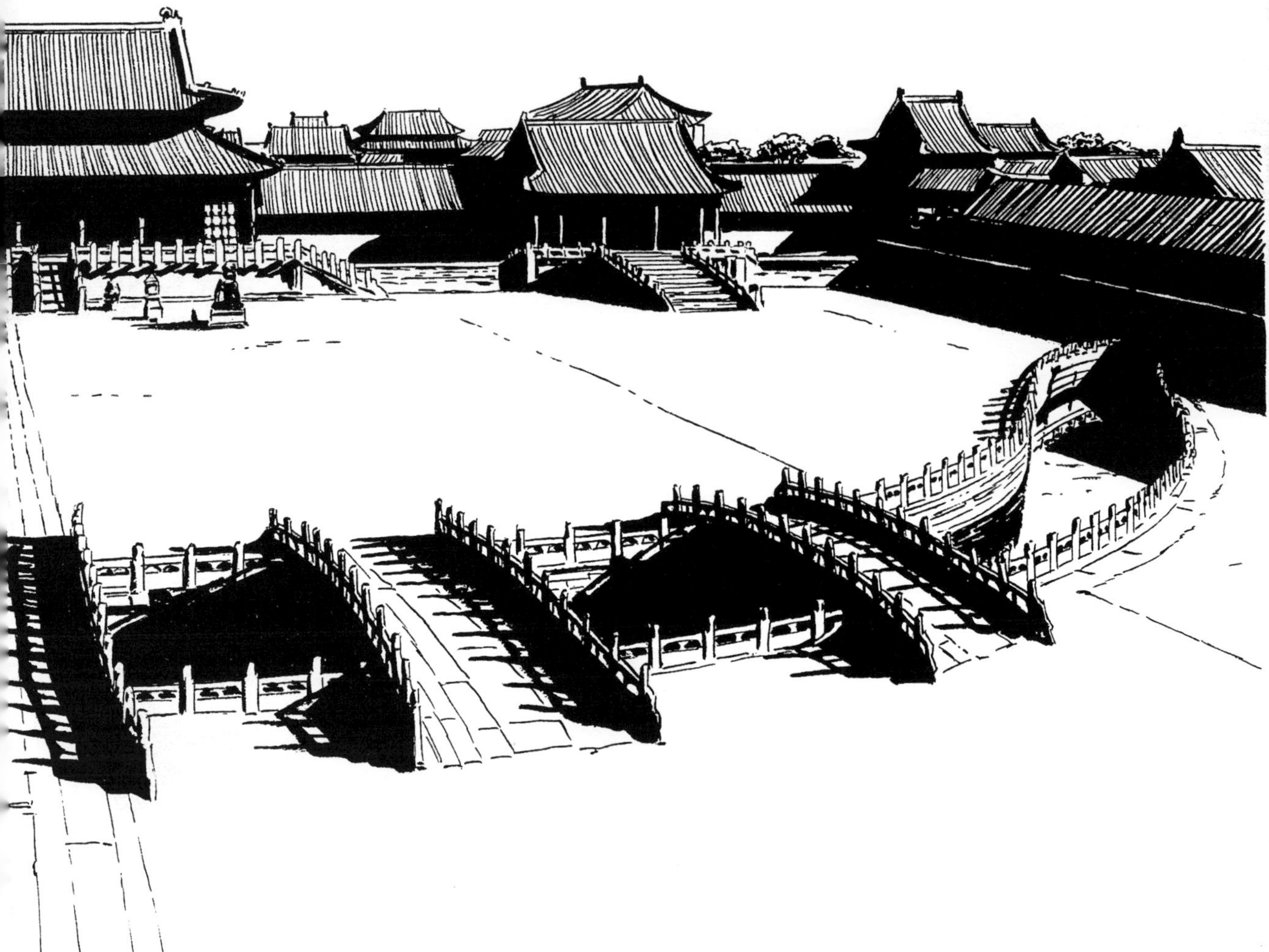

B

Bâcler (cao shuai)

草率

L'affaire est ficelée avec de la paille !
(« Cao cao liao shi », littéralement : « Paille paille terminer affaire. » Prononcé sur un autre ton, c'est un jeu de mot sur le nom de Cao Cao, héros du Roman des Trois Royaumes, type même de l'homme pressé et peu minutieux. On pourrait aussi traduire par : « Une affaire réglée à la Cao Cao ! »)
(San Guo Shi)

Bambou (zhu)

竹

Le bambou ne se propage pas et n'a pas de branches.
(A propos d'une pensée limpide, simple et claire.)
(Zhou Dun Yi)

Bandit (qiang dao)

强盗

Quand les bandits sont dans la maison, il faut avoir le courage de les y enfermer.
(San Shi Liu Ji)

Qui vient la nuit dans la maison a sûrement de mauvaises intentions.
(Tradition de Pékin)

Banque (yin hang)

銀行

Les mânes des ancêtres accompagnent leur représentant.
(Se dit à propos d'une personne qui se porte caution.)
(Adage bancaire)

Banquet (yan)

宴

Le soleil et la lune sont au banquet.
(Se dit du principal invité et de son hôte.)
(Tradition populaire)

Barbares (ye man)

野蠻

Les diables au long nez dorment comme des bêtes dans des couches molles qui mettent leurs os de travers.
(Proverbe boxer)

Le souverain avisé sait se servir des barbares contre les barbares.
(Formule employée à propos des Occidentaux par l'impératrice Tseu Hi.)

Base (ji)

基

Ce qui s'élève repose toujours sur un fondement.
(Lao Zi)

Sans un fond, une jarre ou une tasse seraient inutiles.
(Huai Nan Zi)

Bateau (chuan)

船

Peut-on commander un grand navire quand on n'a jamais vu de bateau de sa vie ?
(Tradition populaire)

La rivière a le dos fragile : elle ne supporte pas les « couteaux ».
(Petite embarcation légère dont la forme de la voile rappelait celle du caractère « dao », qui signifie « couteau ».)
(Tradition populaire)

Beauté (mei)

美

La beauté est comme le clair de lune : un bol de lait qui inonde tout le paysage.
(D'après un poème de Li Po)

La beauté se trouve partout sous le ciel ; il faut chercher celle qui répond le plus à son cœur.
(Su Zhe)

La beauté réunit toutes les qualités de la perle noire.
(Bai Qiu Yi)

La beauté éclipse la lune et couvre de honte les fleurs.
(Wang Shi Fu)

Bêtise (yu chun)

愚 蠢

L'homme le plus obtus sait arborer le maintien grave du sage qui réfléchit.
(Li Qu Li)

Stupidité est sœur de cruauté.
(Zhuang Zi)

Ce n'est pas moi qui vole la fortune du naïf ; c'est lui qui m'en fait don.
(Yi King)

Bibliothèque (tu shu guan)

圖書館

L'érudit est assis dans son cabinet ; autour de lui, cent villes.
(Image d'une vaste bibliothèque.)
(Wei Shu)

Bien (hao)

好

Ne faites que ce qui vous semble bien ; ne le faites que quand cela vous semblera bien.
(Shu Shuo Ming)

Si ce que vous dites est louable et n'est contredit par personne, ne serait-ce pas bien ?
(Lun Yu)

Bienfait (hao shi)

好事

Un bienfait répond à un bienfait.
(Confucius)

Celui qui bénéficie d'une bonne action a peur que cela se sache ; celui qui fait la bonne action, que cela ne se sache pas.
(Shen Ju Yun)

Le souvenir de vos bienfaits est gravé dans mon cœur.
(Formule de politesse)

Le sage rend bienfait pour bienfait, mais aussi bienfait pour méfait.
(Lun Yu)

Blanc (bai)

白

La toile de soie blanche n'altère pas les couleurs de la peinture.
(Lun Yu)

Blessé (shou shang)

受 傷

Blessé deux fois, tué la troisième.
(Ne jamais se laisser affaiblir.)
(Zuo Chuan)

Boire (he)

喝

Quand le tapir va boire à la rivière, il n'avale pas plus d'eau que son estomac n'en peut contenir.
(Zhuang Zi)

Bois (mu)

木

L'arbre devenu bateau ne redeviendra pas arbre.
(Tradition populaire)

Rien n'est plus facile que de casser du bois mort ou d'arracher du bois pourri.
(Détruire ce qui n'est déjà plus qu'une apparence.)
(Pu Shu)

Bonheur (fu)

福

Le bonheur, c'est la vertu parfaite.
(Meng Zi)

La Voie la plus large est celle qui mène au bonheur.
(Littéralement : « Chemin de vie (Dao) radieux » ; « large Voie ». Jeu sur les différentes acceptions du mot Dao.)
(Tradition taoïste)

L'homme heureux ignore la nature du bonheur comme le bateau qui vogue ignore la nature du courant.
(Tradition populaire)

Le bonheur naît du malheur et le malheur se cache toujours au sein du bonheur.
(Lao Zi)

La petite araignée rouge annonce le bonheur.
(Désigne notre « bête à Bon Dieu », la coccinelle.)
(Tradition populaire)

Les grands bonheurs proviennent du Ciel et les petits du travail.
(Tradition populaire)

Bonnet (ding mao)

頂帽

Le lettré qui espère une charge de fonctionnaire doit attendre en époussetant son bonnet.
(Tradition populaire)

Les abeilles portent des bonnets et les cigales des rubans de bonnet.
(Les abeilles ont du poil sur la tête et les cigales des membranes sous l'abdomen. Le port du bonnet de lettré par ces animaux est le signe de la haute civilisation qu'on leur attribue.)
(Li Tan Gong)

C'est parce qu'elles fabriquent du papier pour construire leurs maisons que les abeilles portent le bonnet de lettré.
(Les nids des guêpes sont effectivement en pâte à papier et le papier est l'un des trois trésors du lettré.)
(Dong Guan Han Ji)

Bonté (ren ci)

仁 慈

L'homme cultivé aime l'eau et l'homme de cœur la montagne. A l'intelligence, le mouvement ; à la bonté, le repos. L'homme d'intelligence vit heureux ; l'homme bon vit longtemps.
(Confucius)

Le souverain qui règne par la bonté n'a pas d'ennemi ; qu'est-il besoin de dépenses militaires ?
(Tian Quan Qiu)

Cultiver la bonté la conserve, la négliger la gâte.
(Meng Zi)

L'homme bon enseigne la bonté, le tigre apprend à mordre.
(Tradition populaire)

Bonze (he shang)

和 尚

Un bonze n'a ni famille ni lignée.
(Tradition populaire)

Le bonze fuit la poussière du monde.
(La poussière symbolise les mauvais exemples.)
(Zong Chen)

Ce qu'on donne au bonze, Bouddha nous le rend.
(On ne fait jamais la charité qu'à soi-même.)
(Mantra bouddhiste)

Le lettré invective dans les quatre directions ; le bonze mange dans les quatre directions ; la commère médit dans les quatre directions.
(Tradition populaire)

Le bonze boit de la glace et mange du philodendron.
(Que de l'apparence, rien de substantiel !)
(Bai Ju Yi)

Bouche (kou)

口

La bouche ne se remplit qu'avec deux choses : la nourriture et les sujets de conversation.
(Tradition populaire)

La même bouche qui dispense des bons conseils peut déclarer des guerres.
(Shu Da Hu)

Bouddha (fo)

佛

Salut Bouddha ! En toi la cause, en toi l'effet.
(Mantra bouddhiste)

Peut-on emprunter des fleurs à Bouddha pour les lui offrir ?
(Tradition populaire)

On doit regarder les autres avec les yeux du Bouddha.
(Er Nu Yin Xiong Chuan)

Il n'y a que deux hommes vertueux sur terre : le premier est mort et le second n'est pas encore né.
(Allusion à Sakyamouni, le Bouddha historique, et à Maitreya, le Messie bouddhiste ou Bouddha du futur.)
(Tradition du Si Chuan)

Bodhisattva Guan Yin voit les sons.
(Guan Yin, littéralement « voir son », est la très populaire déesse bouddhique de la miséricorde, toujours prête à répondre aux cris de détresse.)
(Tradition bouddhiste)

BOULIER (JI SHU PAN)

計數盤

Le boulier est un livre qui s'efface à mesure qu'il s'écrit.
(Se dit de la routine quotidienne dans un commerce.)
(Liu Bo Wen)

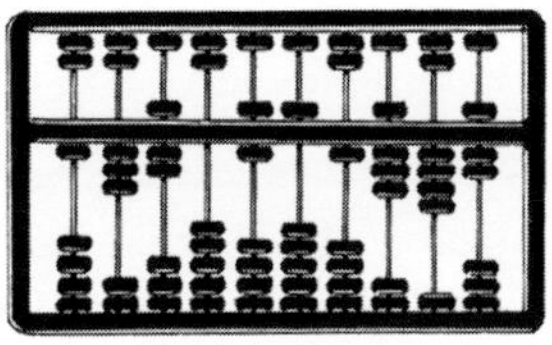

Le « Ji shu pan » ou « Boulier chinois » est composé d'un cadre en bois laqué supportant plusieurs axes verticaux en bambou sur lesquels glissent les boules. De droite à gauche, chacun de ces axes représente les unités, les dizaines, les centaines, les milliers, les dizaines de milliers, les centaines de milliers, les millions, etc. suivant le système décimal. En outre, une barre horizontale divise l'appareil en deux parties d'inégales hauteurs (cinq boules en bas et deux boules en haut). Sur chaque axe vertical, au-dessous de cette barre, chacune des cinq boules vaut 1 (unité ou dizaine ou centaine ou millier, etc.) ; au-dessus de la barre, chacune des deux boules vaut 5. On dispose donc, pour chaque axe, de 15 unités, 15 dizaines, 15 centaines, etc. afin de faciliter les retenues en cours de calcul.
On compose les nombres en approchant les boules de la barre médiane ; ainsi, on peut lire sur la figure ci-contre, le nombre : 1 370 651 847.

BOXE (QUAN)

拳

Trois bonnes paroles ne valent pas un bon coup de poing.
(Tradition populaire)

Quand on donne un coup de pied, il faut se prémunir contre un coup de poing.
(Tradition populaire)

Brigand (fei)

匪

Le brigand vend son sabre pour s'acheter des buffles.
(Le voleur s'achète une conduite).
(You Xue)

Pour former une bande de brigands, on se sert de paroles armées de crochets.
(On attire les malfrats en parlant de méfaits.)
(Tradition populaire)

Brûlure (shao shang)

烧 傷

Celui qui s'est brûlé en buvant une soupe trop chaude soufflera sur le ragoût froid.
(Tang Chuan)

Buffle (niu)

牛

Devant le dignitaire arrogant, je lève la tête d'un air de défi, le sourcil hautain comme un cheval ; devant l'enfant rieur, je baisse la tête en imitant le buffle.
(En parler populaire de Shanghai, le cheval symbolise l'orgueil et le buffle l'arrogance ridicule.)
(Lu Xun)

Jouer du « qin » pour des buffles.
(Qualifie une action vaine, inutile. Le « qin », luth qui symbolise le raffinement et l'érudition, est incompatible avec la bestialité des buffles.)
(Seng You)

Le ministre demande si les buffles sont essoufflés.
(Façon méprisante de s'informer sur l'état d'esprit du peuple ou du public.)
(You Xue)

But (mu di)

目 的

L'homme sage se réjouit d'accéder au Dao ; l'homme vulgaire se réjouit d'arriver à ses fins.
(Livre des Rites)

Debout, l'homme se tient face au but.
(Confucius)

Il faut ouvrir la porte pour voir la montagne.
(Il faut aller droit au but.)
(Tradition populaire)

C

Cacher (cang)

藏

Ce que l'on essaie de cacher reste toujours visible comme la puce sur le crâne du chauve.
(Le moine Fa Yong hypnotisa un tigre grâce à la puce qu'il avait hébergée au sommet de son crâne chauve.)
(Tradition populaire)

Cadavre (shi)

屍

Celui qui agit pour son propre compte ne se laisse pas utiliser et celui qui ne peut plus rien faire supplie qu'on l'utilise : c'est ce que l'on appelle redonner vie à un cadavre.
(San Shi Liu Ji)

Un cadavre peut empester à un li à la ronde, certains vivants jusqu'à mille lis.
(Se dit d'une mauvaise réputation.)
(Tradition populaire)

Cadeau (li)

禮

Qui offre un oiseau, même apprivoisé, doit tenir son bec tourné de côté.
(Li Qu Li, Chants et rites)

Celui qui offre une lance, même si elle est précieuse, doit la présenter hampe en avant et fer en arrière.
(A rapprocher du précédent.)
(Shi Ji)

Les grands bonheurs proviennent du Ciel et les petits du travail.
(Tradition populaire)

A noble chevalier épée précieuse, à noble dame poudre et parfum.
(Adage calligraphié sur le papier rouge accompagnant les cadeaux.)

Celui qui reçoit en présent une pêche, en retour donnera une prune.
(Shi Da Ya)

Quand on veut offrir un cadeau à une personne de l'autre sexe, on le dépose dans un endroit où elle viendra le prendre.
(Li Nei Zi)

Calendrier (ri li)

日 歷

Le jour de l'An (chinois) est trois fois « premier ».
(Premier jour de l'année, premier jour du mois et premier jour du printemps.)
(Huang Li)

Chaque jour qui passe est comme une offre qui ne sera pas réitérée.
(Li Bai)

Le quinzième jour du premier mois, sur les remparts, la nuit sort des ténèbres.
(Fête des lanternes)

Au deuxième mois de printemps tous les animaux hibernants sortent de leur sommeil.
(Huang Li)

Au printemps, la pluie est plus précieuse que l'huile.
(Tradition populaire)

Le printemps ne peut rester prisonnier dans un jardin.
(Yen Shao Weng)

A la sixième lune, on mange des prunes.
(Adage devenu une comptine enfantine faisant allusion aux vertus laxatives des fruits.)
(Shi Sheng Feng)

Une seule feuille annonce l'automne.
(Huai Nan Zi)

Pour tromper les démons de la peste, le préfet avisé avance la date du nouvel an.
(Allusion à l'épidémie de peste de 1893 à Canton où les fêtes de nouvel an furent déplacées pour tromper les mauvais génies.)
(Tradition populaire)

Calligraphie (shu fa)

書 法

La calligraphie est comme la cigogne qui porte les immortels sur ses ailes à travers les airs.
(Tradition populaire)

Calomnie (fei bang)

誹 謗

Le danger vient de ce que la calomnie reçoit d'abord un accueil favorable.
(Shi Lu Yang)

Celui qui s'irrite d'être blâmé attire contre lui les calomniateurs.
(Wen Zhong Zi)

La parole est souvent première cause de la ruine des familles et de la mort des gens.
(A propos de ragots colportés par des gens malveillants.)
(Tradition populaire)

Le sage n'est ni séduit par la renommée ni blessé par la calomnie.
(Sun Zi)

Capital (zi)

資

Il est facile de faire du commerce quand on commence avec un gros capital.
(Han Fei Zi)

Caractères (han zi)

漢 字

Qui adopte les mêmes caractères d'écriture suit les mêmes règles de conduite.
(Zhong Yong)

Zhang Ye Zhi, imitant avec un pinceau les traces des pattes d'oiseaux, forma les premiers caractères de l'écriture.
(Zhang Ye Zhi, ministre de Huang Di, premier empereur mythique.)
(You Xue)

Carré (fang)

方

Le Ciel est un cercle et la Terre un carré.
(Dao De Jing)

On ne peut pas faire un tenon carré avec un ciseau arrondi.
(Song Yu)

Carré à l'extérieur ; rond à l'intérieur.
(Se dit d'un homme généreux sous des dehors sévères.)
(Tradition populaire)

Le « Lo Shu » est sorti de la rivière Lo sur le dos d'une tortue.
(Le « Lo Shu » est le carré magique de neuf dont l'addition de chaque file, rang ou diagonale, est toujours égale à quinze ; il est à la base des neuf règles contenues dans le chapitre « Hong Fan » du *Shu Jing* définies par l'empereur mythique Yu le Grand.)
(Shu Jing)

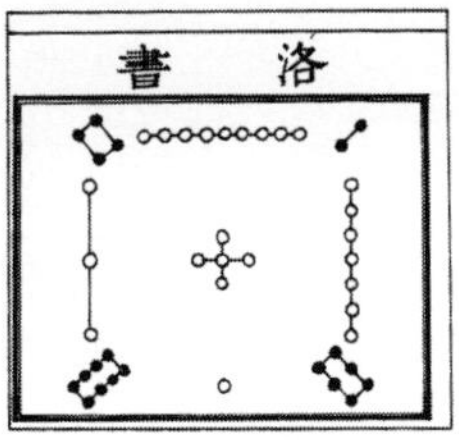

4	9	2
3	5	7
8	1	6

Le « Lo Shu » tel qu'on le trouve dans une édition actuelle du *Yi King* est, en fait, le carré magique classique de 9 dit de « Saturne ».

Catastrophe (zai nan)

災難

Si votre corps ressemble à une branche d'arbre mort, si votre esprit n'est que cendre éteinte, comment pourriez-vous être atteint par une catastrophe ?
(Zhuang Zi)

Catégorie (ji bie)

級別

Même un poil peut se classer dans une catégorie.
(Kong Si)

Les esprits ne sont pas tous identiques : on ne peut pas les ranger dans la même catégorie.
(Han Yu)

Cause (yu)

由

Toute chose a été produite par une cause.
(Citation extrêmement fréquente dans la conversation ; marque la tendance très chinoise de toujours remonter à la source.)
(Lao Zi)

La maladie ne vient pas toute seule ; quelle est son origine ?
(Wang Zhi Deng)

La femme s'exclame : « Le coq chante ! » ; le lettré dit : « Le jour se lève. »
(Indique qu'un effet, le chant du coq, ne trouve sa signification que dans sa cause : le lever du jour.)
(Shi Zheng Feng)

Cavalier (qi shi)

騎 士

L'homme pressé regarde les fleurs du haut de son cheval.
(Se dit de quelqu'un qui lit « en diagonale » ou, plus généralement, qui examine une situation superficiellement.)
(Meng Jiao)

Céder (rang)

讓

Honte à celui qui, imaginant montrer sa fermeté d'âme, refuse de céder.
(Confucius)

Céder le chemin n'est jamais faire preuve de bêtise.
(Tradition populaire)

Celui qui s'abaisse d'un pied se relèvera de huit.
(Faire une concession pour gagner beaucoup. On notera le « huit », chiffre faste.)
(Meng Zi)

Célibataire (du)

獨

Un célibataire est comme un bâton nu : il se mêle de toutes les mauvaises affaires.
(Tradition populaire)

Qui admire les paons peints sur la cloison du gynécée cherche à se marier.
(You Xue)

Un homme sans femme est un « guan » !
(Le « guan », poisson proche de notre brochet et qui a la particularité de vivre en solitaire, symbolise le célibataire endurci.)
(Shu Ge Dian)

Cercle (yuan)

圓

Puissance du signe : un cercle tracé à terre peut devenir une prison.
(Paraphrase du Yi King)

Rond à l'extérieur ; carré à l'intérieur.
(Se dit d'une personne intransigeante sous des dehors affables.)
(Tradition populaire)

Carré à l'extérieur ; rond à l'intérieur.
(Contraire du précédent.)
(Tradition populaire)

Cercueil (guan cai)

棺 材

L'homme au cœur dur ne pleurera qu'à la vue de son propre cercueil.
(Tradition populaire)

Céréale (gu)

穀

Cinq céréales suffisent pour nourrir tous les hommes.
(Le riz, le maïs, le millet, le blé et… le haricot !)
(Chen Du Xiu)

Au début de la cinquième lune, les céréales ont de la barbe.
(Les céréales sont presque mûres.)
(Mang Zhong)

Parfois, les céréales croissent et ne produisent pas de grains.
(Lun Yu)

Cérémonie (dian li)

典禮

Trois cents cérémonies dictent trois mille manières de se conduire.
(Zhong Yong)

Qui connaît la musique mais ignore les cérémonies n'est qu'à demi instruit.
(Tradition populaire)

Repoussons le jour des cérémonies funèbres et avançons celui des cérémonies joyeuses.
(Tradition populaire)

Un bonnet de cérémonie ne pousse pas naturellement sur la tête.
(Zhuang Zi)

Cérémonies et musique sont les attributs du Ciel sur la terre.
(Tradition populaire)

Dans les cérémonies joyeuses, le côté gauche est le plus honorable ; dans les cérémonies funèbres, c'est le droit.
(Li Tan Gong Zu)

Confucius dit : « Mieux vaut remplir les devoirs de sa charge qu'observer rigoureusement le cérémonial. »
(Zuo Chuang)

CERF (LU)

鹿

On ne peut pas savoir quelle main abattra le cerf.
(On ne peut pas prévoir qui sera vainqueur.)
(Tong Jian)

CERF-VOLANT (FENG ZHENG)

風箏

Quand on lance un cerf-volant, l'esprit s'envole sur son dos.
(Za Ju)

CHAGRIN (BEI SHANG)

悲傷

Mieux vaut ne pas connaître le chagrin que connaître tous les plaisirs des sens.
(Han Yu)

CHAMEAU (LUO TUO)

駱駝

Chameau gras trop chargé blatère.
(Han Yu Shi)

On ne nourrit pas un chameau avec une cuillère.
(Tradition populaire)

Chance (yun)

La bonne étoile brille si haut qu'il est inutile de se faire une bosse en se cognant au plafond.
(Référence à Du Fu)

Seuls les immortels vivant dans l'empyrée peuvent cueillir la lune.
(Du Fu)

Qui espère la venue d'une grue ou d'un cygne dédaigne une chance passagère.
(Dans l'attente d'une grande occasion, on laisse passer les petites chances.)
(Tradition populaire)

L'homme avisé ne dédaigne pas les petits avantages dans l'attente d'une grande occasion.
(Tradition populaire)

Lorsque le moment favorable survient, il est interdit de le laisser passer !
(Shu Tai Shi)

Changements (yi)

Les nuages changent, les vagues renaissent.
(Les choses s'adaptent d'elles-mêmes au temps et aux événements.)
(Yi King)

Chanson (ge qu)

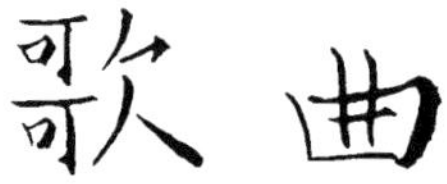

Chanter des chansons paillardes, c'est comme vomir son repas.
(Meng Zi)

Chapelet (nian zhu)

念珠

Les écoles de pensée sont comme les grains d'un même chapelet.
(Tai Xu)

Charité (zhou)

賙

Ce qu'on donne au bonze, Bouddha nous le rend.
(On ne fait jamais la charité qu'à soi-même.)
(Tradition populaire)

Charpente (wu jia)

屋架

Qui veut tailler du bois à la place du maître charpentier Lu Ban risque de se blesser.
(Tradition populaire)

Le voleur habile emporte les poutres et les piliers sans faire tomber la maison.
(Tradition populaire)

Châtiment (xin fa)

刑法

Des caractères noirs sur du papier blanc. L'un est entouré de rouge.
(Sur la liste des condamnés à mort, ceux dont les noms étaient entourés de rouge par le magistrat – la plupart du temps, de façon arbitraire – allaient être décapités.)
(Se dit à propos d'un coup du sort : la « loterie du malheur ».)
(Édit officiel concernant les condamnations)

Un homme jette de la cendre dans la rue ; une escarbille irrite l'œil d'un passant ; le passant se fâche ; qui se fâche se bat ; qui se bat humilie sa famille ; qui humilie sa famille cause sa perte. C'est pourquoi la loi des Yin condamne à être dépecé celui qui jette de la cendre dans la rue.
(Han Fei Zi)

Le métal et le bois punissent l'homme par l'extérieur. Agitation et excès punissent l'homme par l'intérieur. Seul l'homme vrai échappe aux châtiments et aux remords.
(Zhuang Zi)

Qui accuse faussement encourt un châtiment supérieur à celui du crime qu'il dénonce.
(Han Yu)

Le bourreau devra découper cinq morceaux de chair sur le tronc des coupables afin de mettre leurs os à nu.
(Gua Jing)

Juges ! Gardez-vous de couper arbitrairement des nez ou des oreilles !
(Shu Kang Gao)

Les châtiments sont inutiles pour dompter ceux qui se soumettent d'eux-mêmes.
(Kou Liang Chuan)

Les châtiments ne s'étendent pas aux descendants.
(Shu Da Mou)

CHAUSSURES (XIE)

鞋

Qui veut tout contrôler finit par croire à la paille plus qu'à ses propres pieds.
(D'après une fable de Han Fei : Un homme mesure son pied au moyen d'une paille avant d'aller au marché pour s'acheter des souliers. Arrivé devant l'étal du marchand, il s'aperçoit qu'il a oublié la paille. Il se dépêche de rentrer chez lui pour la récupérer. Mais, à son retour, le vendeur est parti. Quand on lui demande pourquoi il n'a pas essayé les chaussures avec ses pieds, il répond : « Je crois plus à la paille qu'à mes pieds. »)

Quand on marche, de bonnes chaussures font oublier les pieds.
(Zhuang Zi)

On ne court pas après le vent de printemps avec des chaussures de bois.
(Du Fu Shi)

Chemin (dao)

道

Qui n'emprunte pas le droit chemin se perd lui-même.
(Li Sao)

L'égaré qui consent à rebrousser chemin n'est pas loin d'avoir trouvé la voie.
(Jeu de mots sur « dao » qui signifie à la fois chemin et sagesse.)
(Tradition populaire)

Cheval (ma)

馬

Le vieux cheval redevient poulain sans souci de son avenir.
(A propos d'un vieillard imprudent.)
(Shi Xiao Ya)

Le vieux coursier qui croupit dans l'écurie rêve d'une course au galop.
(Attribué à Cao Cao)

Occupe-toi du sabot à ferrer plutôt que de flatter la croupe du cheval.
(Maxime mandchoue)

Chèvre (yang)

羊

Sous la peau du tigre, la chèvre.
(Zuo Xue)

Chien (gou)

狗

Le chien du brigand, fidèle à son maître, aboie même contre l'empereur.
(Zhan Guo Ce)

Un chien aboie en voyant une ombre ; cent chiens aboient en réponse.
(Wang Wei)

Chimère (wang xiang)

妄想

Le rêveur se met à la recherche du cheval qu'il a admiré sur une peinture.
(A propos d'une entreprise chimérique.)
(Han Shu)

Chine (zhong guo)

中國

La Chine s'appelle Zhong Guo (pays du Milieu) car en son centre se trouve la demeure du Fils du Ciel.
(Tradition populaire)

Choquant (peng)

碰

Ce qui surprend les regards frappe le cœur.
(Meng Zi)

Ciel (tian)

天

Connaître sa propre nature, c'est connaître le Ciel.
(Meng Zi)

Ce que le Ciel fait croître, le Ciel le nourrit.
(Zhuang Zi)

Les quatre saisons sont les ministres du Ciel, le soleil et la lune, ses envoyés.
(Huai Nan Zi)

Les astronomes observent avec respect les lois du vaste Ciel.
(Shu Dian)

Les desseins du Ciel sont aussi mystérieux que son action est incessante.
(Shi Zhou Song)

Pour les cent noms (le peuple), le Ciel est très haut et son fils (l'empereur), très loin.
(Tradition populaire)

Les richesses et les honneurs ne dépendent que du Ciel.
(Lun Yu)

Une main posée sur les yeux suffit à recouvrir le Ciel.
(Ji You Gong)

Lorsque le prince devance les volontés du Ciel, le Ciel ne lui résiste pas.
(Paraphrase du Yi King)

L'auguste Ciel a la vue puissante : il vous surveille partout où vous allez.
(Souvent utilisé comme mise en garde pour les enfants laissés sans surveillance.)
(Shi Da Ya)

Cinq (wu)

五

Les cinq classiques sont la base de la connaissance de tout homme cultivé.
(Les cinq livres canoniques sont : le Shu Jing, livre des annales anciennes, le Shi Jing, livre des odes, le Yi King, livre des mutations, le Chun Qiu, annales de la principauté de Lu et le Li Ji, livre des rites.)
(Zhong Yong)

Les cinq masques antipathiques déforment le visage et lui donnent les traits du mépris.
(Le masque du fonctionnaire, le masque de l'orgueil, le masque de l'apathie, le masque de la prodigalité et le masque de la préciosité.)
(Lu Xun)

Les cinq substances constituent tout l'univers.
(Les cinq éléments fondamentaux : le métal, le bois, l'eau, le feu et la terre.)
(Dao De Jing)

Nous devons partout instaurer et défendre les cinq amours !
(Amour de la patrie, amour du peuple, amour de la science, amour du travail et amour – et protection – des biens publics.)
(Slogan de la grande révolution culturelle prolétarienne)

Avec les cinq couleurs, le peintre peut reproduire tous les paysages de la nature.
(Mi Fu)

Cinq montagnes (wu shan)

五 山

Lorsque survient un éboulement sur l'une des cinq montagnes, le Fils du Ciel supprime la musique.
(Livre des Zhou)

Le souverain, sur les cinq montagnes célèbres, annonçait au ciel les œuvres accomplies par les princes.
(Livre des Rites)

Civilisation (wen ming)

文 明

Si les peuples des confins refusent de se soumettre, qu'on les attire par la vertu civilisatrice : quand un peuple est civilisé, il est en paix.
(Confucius)

Civisme (gong min de ze ren xin)

公民的責任心

Un morceau de bois taillé tient lieu d'officier de police.
(Référence aux gouvernements idéaux de l'Antiquité : il suffisait de déposer ce morceau de bois à la porte du coupable pour que celui-ci se rende de lui-même au tribunal.)
(Qian Han Shu)

Cloche (zhong)

鐘

La cloche est à l'intérieur du monastère mais le son va à l'extérieur.
(Tradition populaire)

Clou (ding)

丁

Le souverain écarte le ministre « Ding ».
(Se dit quand on arrache un clou, le caractère « ding » ayant la forme d'un clou.)
(Tradition populaire)

Un simple clou vaut deux mortaises.
(Zhu Shu)

Un simple clou vaut deux certitudes.
(Une simplification, même grossière, est préférable à deux raisonnements irréfutables mais complexes.)
(Zhu Shu)

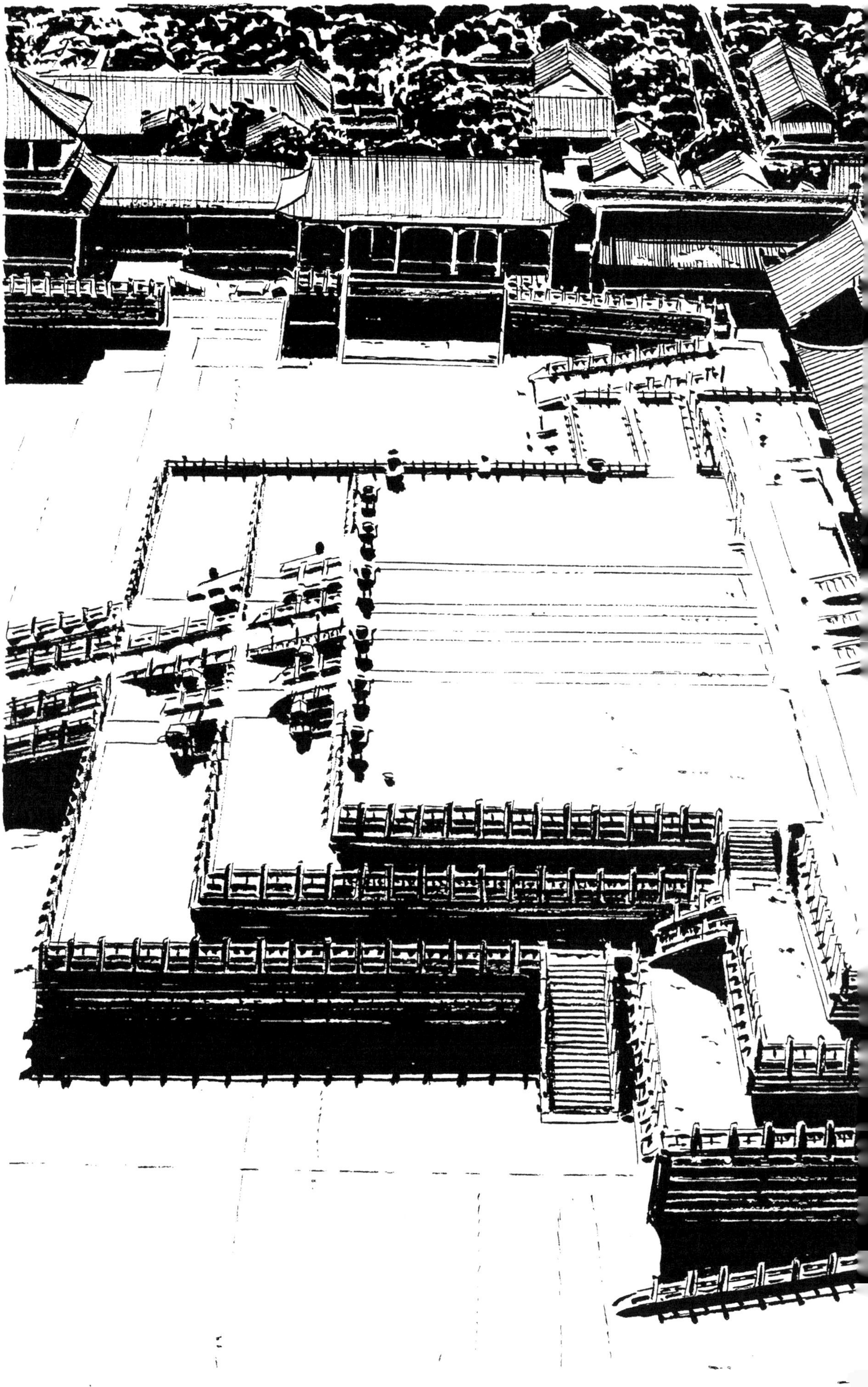

Code pénal (fa gui)

法規

Comme un corps, le code pénal est un tout complet.
(Tradition mandarinale)

Cœur (xin)

心

Soigner le cœur avant de soigner le corps.
(Tradition populaire)

Coïncidence (chong he)

重合

Unis par une entente secrète, ils ont agi de concert sans s'être concertés.
(Tradition populaire)

Colère (fen nu)

憤怒

Qui est au-dessus de toute colère s'exprimera par la non-colère.
(Zhuang Zi)

Il faudrait couper les pieds à cinq cents coupables !
(Se dit pour marquer sa colère impuissante.)
(Han Xin Fa Zhi)

Désormais on supprime les offrandes et on tranche la tête des coupables !
(Se dit quand on veut exprimer sa colère.)
(Paroles attribuées à Qin Shi Huang Di, le premier empereur, qui régna de 221 à 210 av. J.-C.)

Le prince salue le crapaud parce qu'il est en colère.
(Un vrai guerrier se doit d'être en colère contre son adversaire, si faible soit-il. Allusion à une fable de Han Fei Zi.)

L'orage ne dure pas toute la journée.
(A propos d'une colère violente mais brève.)
(Dao De Jing)

COMBATTRE (GONG DA)

攻打

Se battre avec le Ciel, avec la Terre, avec les hommes, quelles joies infinies.
(Mao Ze Dong)

Qui ne s'est jamais battu ne se connaît pas.
(Se dit lorsque naît un différend entre deux amis.)
(Tradition populaire)

Le véritable héros sait éviter les coups.
(Tradition populaire)

Le combattant n'a pas eu à tacher sa lame de sang.
(Se dit quand l'adversaire se rend sans combattre. Également métaphore du jeu d'échecs – le combattant est aussi le « pion-soldat » – qui est un combat sans effusion de sang.)
(Tradition populaire)

Le feu et l'eau ne se combattent pas.
(Statu quo entre deux puissances.)
(Yi King)

La paume d'une seule main ne fait pas de bruit.
(Comme il faut deux mains pour applaudir, il faut au moins deux adversaires pour combattre.)
(Tradition populaire)

Évite le combat lorsque l'ennemi est plein d'allant ; frappe-le quand il faiblit.
(Sun Tseu)

Le sage attend tranquillement que l'adversaire s'épuise.
(Tradition populaire)

Pour empêcher quelqu'un d'agir, il faut le maintenir entre les mâchoires d'une tenaille.
(Enserrer de deux côtés à la fois.)
(Mu Luan Zong Yuan)

COMMANDER (ZHI HUI)

指揮

Celui qui commande se renforce au détriment de celui qui obéit.
(Yi King)

Il faut tirer les deux oreilles à la fois pour donner des ordres.
(Les ordres doivent être clairement énoncés afin d'être exécutés.)
(Shi Jing)

COMMENCEMENT (KAI TOU)

開頭

La séparation du Ciel et de la Terre donna naissance aux formes.
(You Xue)

En toute entreprise, c'est au commencement qu'il faut prêter le plus de soin.
(Shu Ji)

Le matin du premier jour de l'année lunaire s'appelle « les trois commencements ».
(C'est le commencement du jour, le commencement du mois et le commencement de l'année.)
(Qian Han Shu)

COMMERCE (SHANG)

商

Petits bénéfices, beaucoup de clients !
(Devise universelle des commerçants chinois.)
(Tradition populaire)

Bien cher se vend difficilement.
(Han Yu)

Vendre et acheter, c'est transformer des mirages en réalité.
(San Shi Liu Ji)

Si « un » n'est pas plus de « un », il ne sera pas tout à fait « un ».
(Se dit à propos du bénéfice indispensable à la survie du commerce.)
(Tradition populaire)

Dans son échoppe, Maître Pu fabrique et vend des mensonges.
(Allusion à Pu Song Ling, auteur de contes fantastiques.)

On peut toujours estimer le sel à un prix élevé et la soie à bas prix.
(Dynastie Tang)

Là où vivent beaucoup d'hommes, commerces rouges et blancs ne périclitent pas.
(Commerces en rapport avec les mariages – rouges – et les enterrements – blancs.)
(Tradition populaire)

Jeter une brique pour récolter du jade.
(Allusion à des pratiques commerciales telles que rabais, ristournes ou, éventuellement, pots-de-vin, qui facilitent les transactions et assurent des profits nettement supérieurs à ce que coûtent ces petits cadeaux.)
(Wu Gu)

Créer la confiance et rassurer le naïf.
(Tradition populaire)

La marchandise ne vaut que ce qu'elle coûte !
(Tradition populaire)

COMMUNICATION (TONG XUN)

通訊

Le Ciel et la Terre ne communiquent plus ensemble : les voies sont bloquées.
(Yi Fu Gua)

Compagnie (jie ban)

結伴

Le médiocre n'est pas digne de se retrouver en bonne compagnie.
(Tradition populaire)

Compassion (lian min)

憐憫

Celui dont le cœur est rempli de compassion peut le faire entendre à plus de mille lis sans même ouvrir la bouche.
(Adage de la secte de la Terre Pure)

Complaisance (yin yu)

阿諛

Le sage est accommodant mais, en lui, nulle complaisance coupable.
(Lun Yu)

Le complaisant a pris les habitudes des habitants des ruelles tortueuses.
(Se dit d'un homme trop docile, au langage détourné et sinueux.)
(Li Tan Gong)

Complot (yin mou)

陰謀

Le traître inspire le complot en indiquant des stratagèmes aux conjurés.
(Tradition populaire)

On peut comploter la mort de quelqu'un à condition de ne pas en venir à l'effet.
(Zhen Da Hong)

L'affaire qui se trame sous la fenêtre de l'Est sera découverte.
(La partie est du palais était occupée par les fonctionnaires chargés d'espionner la population. Se dit quand on est sur le point de découvrir le fin mot d'une histoire.)
(Tian Ru Cheng)

CONCORDE (TONG YI)

同意

Les oiseaux chantent de concert : image de la concorde.
(Shi Xiao Ya)

CONFIANCE (XIN XIN)

信心

La confiance brise le boisseau et casse la balance.
(Se dit quand on se sent injustement soupçonné par quelqu'un à qui l'on a déjà donné des preuves de bonne foi.)
(Tradition populaire)

CONFORME (AN ZHAO)

按照

On doit faire le cheval avec les chevaux et le tigre avec les tigres.
(Équivalent de « Comme ci, comme ça ! ».)
(Tradition populaire)

Confort (shu shi)

舒 适

Qui se laisse vivre au gré de ses désirs devient chaque jour plus faible.
(Tradition populaire)

Confucianisme (ru)

儒

Yin Yuan disait : « La doctrine de Confucius se dresse bien haut devant moi. »
(Lun Yu)

Confucius dit : « Mes principes sont conformes à la raison et peuvent être mis en pratique. »
(Xia Yu)

Avec la moitié du *Lun Yu*, on peut gouverner tout l'empire.
(Le *Lun Yu*, c'est-à-dire les entretiens de Confucius, l'un des cinq livres canoniques.)
(Tradition populaire)

Confusion (luan)

亂

Apporter la confusion revient à décapiter son général au moment de livrer bataille.
(Tradition populaire)

Connaissance (xue)

學

Connaître son adversaire et se connaître soi-même c'est pouvoir, sans risque, livrer cent batailles.
(Sun Zi)

On apprend à connaître en scrutant la nature des choses.
(Da Xue)

Conscience (yi shi)

意識

La conscience règle la conduite de l'homme.
(Sun Zi)

Sur le chemin, il faut se retourner pour se chercher soi-même.
(Faire son examen de conscience.)
(Meng Zi)

Conseil (quan gao)

勸告

La même bouche qui dispense des bons conseils peut déclarer des guerres.
(Shu Da Hu)

Qui aime à demander conseil grandira.
(Shu Zhong Hui Zhi Xu)

Si l'on vous écoute, soyez content ; si l'on ne vous écoute pas, soyez encore content.
(Meng Zi)

On doit proposer ses conseils aussi naturellement que la roue tourne.
(Qian Han Shu)

Conseiller est facile, aider est difficile.
(Tradition populaire)

Consolidation (gong gu)

鞏固

Le prince butte les arbres plantés.
(Quand il faut consolider ce qui est déjà fait.)
(Zhong Yong)

Une simple cheville de bois peut redresser un temple.
(Tradition populaire)

Contenter (kou)

够

Confucius dit : « Qui se contente de peu a toutes les qualités voulues. »
(Lun Yu)

Contrainte (qian zhi)

强制

On peut obtenir l'amitié du lettré mais on ne peut jamais le contraindre à commettre une faute.
(Li Ru Hang)

Contrat (qi)

契

Trois jours d'attente sont nécessaires pour obtenir l'aval des ancêtres avant de signer un contrat.
(Les ancêtres sont censés apparaître en rêve pour donner leur avis.)
(Tradition populaire)

La planche est coupée en deux !
(Se dit quand une affaire est conclue. Les contrats étaient rédigés sur des planchettes que l'on coupait en deux et dont chaque contractant gardait une moitié.)
(Tradition populaire)

Controverse (tao lun)

討 論

Dans une controverse, il faut accepter l'hommage du camp adverse comme la critique des partisans.
(Liang Qi Chao)

Dans une controverse, s'acharner à convaincre les opiniâtres affaiblit.
(You Xue)

Convenances (li)

禮

Dans la chambre où se repose toute la famille, un vieillard dort entre chaque natte.
(Jeu de mot autour des deux acceptions du caractère « zhang » : « vieillard » et « mesure de dix pieds ». Entre chaque couche, les convenances exigent qu'on laisse un intervalle d'un « zhang » – environ deux mètres.)
(Tradition populaire.)

Conversation (hui hua)

會 話

Les amis intimes conversent genoux contre genoux.
(Tradition populaire)

Le premier chante ; l'autre reprend au refrain.
(Se dit à propos d'une discussion animée.)
(Tradition populaire)

Convive

陪客

Les cruches sont tournées vers le principal convive.
(Li Shao Yi)

Convoitise (tan lan)

貪婪

L'homme honnête est comme un fruit suspendu à un arbre.
(Se dit quand on se sent l'objet impuissant de toutes les convoitises.)
(Tradition populaire)

Coq (ji)

鷄

Après le combat, les coqs ont perdu leurs plumes et prennent froid ; de même les peuples après la guerre.
(Tradition populaire)

Quand les étoiles s'éteignent, le coq chante.
(Han Yu)

Le coq chante, le vieillard tousse et les lettrés déclament – personne ne parle.
(Tradition populaire)

Corps (gong)

躬

Si on ne prend pas aussi soin de son corps, on sera condamné par le Ciel et la Terre.
(Tradition populaire)

Par nature, le corps recherche bien-être et repos.
(Meng Zi)

Les trésors du corps sont enfermés dans des magasins disséminés sous la peau.
(Tradition populaire)

L'homme possède trois choses merveilleuses : son corps, son esprit et son âme.
(Xiang Jing)

Corruption (bian zhi)

變質

Le sage rendra le sabre d'or.
(You Xue)

Ce fonctionnaire sent le cuivre !
(Se dit de celui qui a acheté une charge officielle avec des sapèques de cuivre.)
(Hou Han Shu)

Coup (da)

打

Un coup frappé à l'improviste permet de jauger l'adversaire.
(Tradition populaire)

Un coup, deux trous ! Les frères jurés n'ont qu'une parole.
(La trahison mérite doublement d'être punie de mort.)
(Adage de la « Bande Verte » de Shanghai)

Couple (yi dui)

一對

Un seul corps, une seule ombre ; inséparables !
(Han Yu)

Le Ciel destine à chaque homme la compagne qui lui convient.
(Tradition populaire)

C'est le Ciel qui prépare et consacre les unions heureuses.
(Da Xue, Grande Étude)

Courage (gan)

敢

Les branches du chrysanthème flétri bravent encore les frimas.
(Su Shi)

Un animal aux abois continue de lutter.
(Zuo Chuan)

Le phénix chante au sud du palais.
(Image du censeur qui, seul, ose adresser des remontrances à l'empereur ; se dit à propos d'une action courageuse.)
(You Xue)

Dans la marmite, le poisson nage encore.
(Zhuang Zi)

Celui qui n'a rien à perdre peut plonger dans l'eau bouillante et traverser le feu.
(Han Shu)

Courge (gua)

瓜

Les courges amères ne servent qu'à traverser le fleuve.
(On les attachait à la ceinture pour s'en servir de bouées afin de ne pas couler en nageant.)
(Guo Yu)

Courtisan (gong ting ren)

宫庭人

Lorsque Zhao Gao offrit un cerf à l'empereur en lui disant : « Sire, c'est un cheval », tous les courtisans répétèrent : « C'est un cheval. »
(Sous le règne du second empereur Er Shi Huang Di des Qin, Zhao Gao, son Premier ministre, pensait usurper le trône en le ridiculisant.)
(Si Ma Qian)

La foule se presse à la porte du ministre comme au marché.
(Les courtisans et les flatteurs se pressent à la cour des puissants.)
(Han Shu)

Langage artificieux, belle apparence : aucun homme vertueux parmi vous.
(Confucius)

Quand on a perdu ses dents, il reste la langue.
(Les courtisans qui ne peuvent plus mordre peuvent encore lécher.)
(Liu Xiang)

Ses gestes emplis de grâce lui valent les bonnes grâces du prince.
(Décrit un arriviste aux manières efféminées.)
(Tradition populaire)

Le courtisan se met à plat ventre devant un supérieur mais écrasera un inférieur.
(Tradition populaire)

Le courtisan accumule les petits services pour se faire valoir par leur grand nombre.
(Li Ru Hang)

Quand vous êtes en faveur, pensez aux dangers qui vous menacent.
(Shu Zhou Guan)

Courtoisie (li)

禮

Ne pas répondre à la courtoisie, c'est manquer de courtoisie.
(Tradition populaire)

Couteau (dao)

刀

Quand on brandit le couteau, il faut couper.
(Se dit au moment de prendre une décision.)
(Gu Zi Xin Shu)

Couture (feng ren)

縫紉

L'élève habile raccommode un vêtement d'hiver avec des pièces de soie : travail brillant mais vain !
(Se dit à propos d'étudiants qui s'approprient les expressions et les phrases des maîtres sans en comprendre le sens.)
(Wang Wei Zheng)

Crier (jiao)

叫

L'enfant qui souffre crie ; il ne sait pas encore moduler ses lamentations avec des soupirs.
(Tradition populaire)

En présence d'un étranger, on ne doit pas crier, même pour chasser un chien.
(Li Qu Li)

Celui qui crie beaucoup ne connaît pas ce qu'il blâme.
(Sun Zi)

Crime (zui e)

罪惡

Celui qui a commis un meurtre doit donner sa vie en échange de celle qu'il a prise.
(Xiao Jing)

Tes crimes font comme un écran de fer entre toi et le Ciel.
(Shu Xi Bo)

Mieux vaut mourir que commettre un crime.
(Zuo Chuan Xuan Er Nian)

Critique (pi ping)

批評

Le lettré qui critique les décisions du souverain porte son cercueil sous le bras.
(Han Fei Zi)

Cuisine (chu fang)

厨房

A Canton, on peut manger tout ce qui tient sur quatre pattes sauf les tables, tout ce qui court sauf les voitures, tout ce qui vogue sauf les bateaux et tout ce qui vole sauf les avions !
(Proverbe cantonais)

Le meilleur cuisinier ne saurait satisfaire toutes les bouches.
(Tradition populaire)

Un cafard se noie dans une bassine d'eau : le vieux Zhang prend son bain.
(Tradition populaire)

Une femme qui écrase un grain de blé ne manquera jamais de son.
(Le son – « fu » – est l'homonyme parfait du mot « mari » – « fu ». Jeu de mot qui signifie : « Une bonne cuisinière gardera toujours son mari. »)
(Tradition populaire)

Qui veut remplacer le cuisinier doit pouvoir enjamber les plateaux.
(Il faut savoir dépasser les limites de sa fonction pour remplacer autrui.)
(Zhuang Zi)

CULTURE (WEN)

文

Un homme sans culture transforme en quelques traits la défaite en victoire.
(Les caractères « bai », défaite, et « sheng », victoire, sont très semblables. Les écrire grossièrement peut entraîner une confusion.)
(Tradition populaire)

CUPIDITÉ (TAN YU)

貪慾

Toujours vouloir s'approprier le bien d'autrui nuit à l'État.
(Sun Zi)

A princes avides, ministres âpres au gain ; à ministres âpres au gain, fonctionnaires cupides ; à fonctionnaires cupides, peuple voleur.
(Yan Tie Lun)

Prince cupide, ton peuple te vole !
(Contraction populaire du précédent)

D

Danger (wei xian)

危險

Autrefois, les manches des couteaux étaient munis de sonnettes.
(Se dit à un maladroit qui risque de se couper en se servant d'une lame.)
(Tradition populaire)

Qui croit sa position assurée est en danger.
(Niao Gong Wei)

Port de mer, gueule du tigre !
(La gueule du tigre représente le danger par excellence.)
(Tradition populaire)

Le peuple ne suit pas le téméraire.
(Wen Zhong Zi)

Décision (jue ding)

决定

Décider, c'est prendre tout le fardeau sur soi et refuser les secours.
(Huai Nan Zi)

Les décisions de l'homme d'action sont aussi expéditives que celles des héros.
(San Guo Shi)

Les décisions effraient le mauvais général : il donne un ordre le matin et l'annule le soir.
(Tradition populaire)

Avant de prendre une décision, l'homme avisé regarde devant et derrière lui.
(Tradition populaire)

Défaut (bu zu)

不足

Le sage est content si on remarque en lui un défaut.
(Meng Zi)

Défense (bao wei)

保衛

La meilleure défense d'un État, c'est son peuple – non les montagnes et les torrents qui l'entourent.
(Meng Zi)

Dents (ya chi)

牙齒

Celui qui s'enfonce les dents dans les gencives, les empêche de grincer.
(Se dit de quelqu'un qui endure, avec courage, les pires tourments.)
(You Xue)

Gencives et mâchoires s'appuient les unes sur les autres pour aider les dents.
(A propos d'assistance mutuelle.)
(Zuo Chuan)

Désir (yuan)

願

Visage fardé excite les désirs lascifs.
(Yi King)

L'homme est habile à justifier tous ses désirs.
(San Guo Shi)

Désordre (wu zhi xu)

無秩序

Le désordre dans la maison engendre le désordre dans les rapports familiaux.
(Tradition populaire)

Destruction (huai)

壞

Une destruction radicale précède toujours une création complète.
(Deng Xiao Bing)

Détail (xiang)

詳

Une seule feuille passe devant le regard et le mont Tai Shantronc disparaît.
(He Guan Zi)

Une zibeline continuée par une queue de chien : un détail de trop !
(Pu Shu)

Dette (zhai wu)

債務

Qui cherche à obtenir plus qu'il lui est dû en sera dépouillé.
(Li Qu Li)

Celui qui paye la dette d'un autre noie son argent dans le fleuve.
(Tradition populaire)

Deuil (sang)

喪

Le jour anniversaire de la mort de ses parents, un bon fils doit s'abstenir de toute affaire et penser uniquement aux défunts.
(Tradition populaire)

Ce que l'on doit aux morts ne doit pas nuire aux vivants.
(Meng Zi)

De qui le bouleau porte-t-il le deuil ?
(Le tronc du bouleau est blanc, couleur de deuil en Chine.)
(Tradition populaire)

A la mort d'un de ses parents, le fils dort sur une natte de paille, la tête appuyée sur une motte de terre.
(Livres des chants et des rites)

Cheveux négligés, visage sale : visage de condamné ou d'homme en deuil ?
(Su Xiong)

Devoir (ying gai)

應該

Qui applique la loi doit mépriser les liens du sang et savoir châtier les siens.
(Tradition populaire)

L'homme n'a que deux devoirs : se perfectionner et établir l'ordre.
(Han Fei Zi)

Différence (cha)

差别

Qui ne distingue pas le vert du rouge ou le noir du blanc est soit mauvais observateur, soit trop pressé.
(Tradition populaire)

Les hommes sont aussi différents les uns des autres que le Ciel l'est de la Terre.
(Se dit à propos de cohabitation difficile.)
(You Xue)

Digression (pei ke)

陪客

Faire une digression, c'est tenir compagnie à un visiteur.
(Da Xue)

Dissimuler (yan shi)

掩飾

Tout montrer, c'est tout dissimuler.
(San Shi Liu Ji)

Donner (ji)

給

Pour perdre quelqu'un, il faut d'abord le soutenir ; pour prendre, il faut d'abord donner.
(Tradition populaire)

Douleur (teng)

疼

A plaie profonde douleur aiguë.
(Adage médical)

Dragon (long)

龍

Quand le dragon jaune se montre, le millet ne se cache pas.
(Le dragon jaune symbolise l'empereur. Le millet est la céréale de bon augure.)
(Tradition populaire)

Qui se permet de gratter les écailles du dragon ?
(Se dit d'une action téméraire – comme, par exemple, faire des reproches à l'empereur.)
(Shuo Wen)

Quand le dragon sera devenu un animal domestique, on pourra attraper les poissons à la main.
(Li Li Yun)

Le génie de la Terre est un dragon muni d'un crochet.
(Le dragon est une divinité apparentée au dieu « Mo », patron des voleurs, dont l'activité est symbolisée par un crochet.)
(Tradition populaire)

Les fumées qui jaillissent des naseaux du dragon deviennent les nuages du Ciel.
(Han Yu)

Le sage est dragon à l'extérieur et phénix à l'intérieur.
(You Xue)

Prunelles de dragon et cou de phénix sont des signes d'un brillant avenir.
(Se dit aux jeunes parents devant le berceau d'un nouveau-né.)
(Tradition populaire)

Durée (chi xu shi jian)

持續時間

Aucune situation ne peut se prolonger au-delà de la longueur d'une queue de lapin.
(Tradition populaire)

Dynastie (wang chao)

王朝

Le nouvel empereur reçoit la carte du Ciel.
(A propos de la fondation d'une nouvelle dynastie et, par extension, de la création d'une grande entreprise.)
(You Xue)

E

Eau (shui)

水

On ne mélange pas l'eau du puits avec celle de la rivière.
(Tradition populaire)

Les poissons n'éprouvent pas le besoin de se lancer de l'eau les uns sur les autres.
(Zhuang Zi)

C'est à la source que l'on peut arrêter l'eau dans son cours.
(Zuo Si)

Une eau trop pure ne produit pas de poissons.
(Tradition populaire)

On ne peut pas ramasser l'eau renversée.
(Hou Han Shu)

Boire de l'eau, c'est se rappeler sa source.
(Tout bienfait est dû à un bienfaiteur.)
(Chan Xin)

Telles les eaux des rivières Jing et Wei, le Bien et le Mal, le Vrai et le Faux ne se mélangent jamais.
(Les rivières Jing et Wei se trouvent dans le Shan Si. Les eaux de Jing sont claires, celles de Wei sont troubles. Quand Jing se jette dans Wei, leurs eaux ne se mélangent pas.)
(Tradition populaire)

Échecs (xiang qi)

象棋

Sans le savoir, le simple soldat a déjà parcouru mille lis dans l'esprit du général adverse avant de commencer sa manœuvre.
(Tradition populaire)

Quand on lève une pièce d'échecs, dix autres sont prêtes à avancer. Ainsi fait le prince avec ses armées.
(Tradition populaire)

Le sage joue au « Lu Buo » et au « Xiang Qi » pour combler le vide du temps.
(Le jeu d'échecs chinois, considéré par les philosophes et les lettrés comme le jeu de stratégie par excellence, est ici placé, par provocation, à égalité avec le « Lu Buo », vulgaire jeu de hasard.)
(Zhuang Zi)

L'homme de bien qui assiste à une partie d'échecs se tait ; l'homme de rien crie et s'enivre.
(Tradition populaire)

Que le joueur de « Xiang Qi » soulève une mauvaise pièce, dix spectateurs voient son erreur.
(Il est facile de critiquer des décisions que l'on n'a pas à prendre.)
(Xin Tang Shu)

École (xue jiao)

學校

Tant que le maître n'a pas fini ses explications, l'élève ne pose pas de nouvelle question.
(Li Wen Wang Shi Zi)

Au printemps, dans chaque école, le maître doit offrir des mets et des liqueurs aux mânes des anciens maîtres.
(Li Wen Wang Shi Zi)

Économie (Jie Yue)

節約

L'économie est la plus respectueuse des vertus.
(Zuo Chuan)

De deux vêtements déchirés peut naître un habit.
(Yu Xu)

Un simple repas peut donner l'exemple du respect et de l'économie.
(Tradition populaire)

Un prince qui sait se restreindre ne dépouille pas ses sujets.
(Meng Zi)

Écraser (Sui)

碎

Même très maigre, un buffle qui tombe sur un porcelet l'écrase.
(Tradition populaire)

Écrire (Xie)

寫

Celui qui écrit donne à lire et à deviner.
(Tradition populaire)

Sur la première page, les caractères forment l'avant-garde d'une armée qui va bientôt envahir tout le livre.
(Du Mu)

Le pinceau du souverain qui glisse sans bruit sur le papier voue à la mort des centaines d'hommes.
(Pouvoir de l'écrit.)
(Lin Zi)

Quand l'inculte contrefait l'écriture des lettrés, chaque caractère tracé gémit de douleur.
(Tradition populaire)

Un pinceau peut disperser mille armées.
(A propos d'un style puissant et irrésistible.)
(Chi Du)

Le lettré aurait honte de rechercher trop d'élégance dans son écriture ordinaire.
(Han Yu Chuan)

Écrivain (zuo jia)

作家

Le lettré dans son cabinet fabrique des chariots et les fait voyager avec ses trois trésors.
(Les trois trésors sont le pinceau, l'encre et le papier.)
(Tradition populaire)

L'existence de l'écrivain est suspendue dans le vide comme une lanterne de papier.
(Hu Ye Pin)

L'écrivain fabrique lui-même son propre métier à tisser.
(Biao Quan)

Éducation (jiao yu)

教育

Les parents soufflent doucement sur leurs enfants.
(A propos d'une éducation familiale harmonieuse.)
(Yang Zi)

En présence de ses parents, l'enfant n'a pas à adopter un maintien grave.
(Li Zhan)

Un enfant doit d'abord apprendre à répondre.
(You Xue)

Trop de vent dessèche le blé en herbe.
(L'éducation des enfants s'accorde mal d'une discipline sévère.)
(Tradition populaire)

Élevage (si yang)

飼 養

Qui entretient des attelages à quatre chevaux n'élève pas de porcs.
(Xi Shu)

Éloquence (kou cai)

口 才

Avant de parler, demande-toi si tes paroles sont dignes de recevoir le tribut de nos chants et de nos larmes.
(Lun Yu)

La véritable éloquence se trouve dans la conversation que tiennent une statue de bois et une statue d'argile.
(Si Ma Qian)

Le sous-entendu est un bonze de douze pieds de haut dont on ne peut toucher le crâne.
(Tradition populaire)

Un argument mal employé se disloque sans qu'on le touche.
(Tradition populaire)

Ce qui est trop petit ne peut sortir de la bouche.
(Se dit d'un argument insuffisant.)
(Shi Shuo Xin Yu)

Émotion (gan dong)

感 動

Une grande émotion ouvre la bouche et paralyse la langue.
(Tradition populaire)

L'émotion fige les hommes comme des coqs de bois.
(Tradition populaire)

Même le métal et la pierre s'amollissent.
(Tout homme, même en apparence insensible, est susceptible d'être ému.)
(Han Shi)

Enfant (er tong)

兒童

Enfant à l'intelligence précoce ne devient pas toujours adulte remarquable.
(Confucius)

Bien et mal restent confus aux yeux de l'enfant.
(Shi Da Ya)

Enjeu (du zhu)

賭注

Qui joue des petits cailloux est à l'aise ; qui joue sa bourse est nerveux ; qui joue de l'or perd tous ses moyens.
(Zhuang Zi)

On ne peut pas espérer gagner si l'on néglige de miser.
(Tradition populaire)

Le joueur n'abandonnera pas avant d'avoir atteint le fleuve Jaune.
(A propos d'un acharné qui jouera jusqu'au dernier sou.)
(Tradition populaire)

Encerclé par ses créanciers, le joueur misa les pierres de sa demeure au « Wei Qi » et se retrouva à la rue.
(Jeu de mots autour des caractères « wei » – cercle, encerclement – et « shi » – pierre. Dans le « Wei Qi », ou jeu de Go, on procède par encerclement pour prendre les pièces – appelées « pierres » – de l'adversaire.)
(Jin Shu Xie An Chuan)

Ennemi (di)

教

Comme le feu et la glace, les vrais ennemis ne se détestent pas : ils sont incompatibles.
(Tradition populaire)

On reconnaît deux ennemis aux éclairs de colère dans leurs yeux.
(Tradition populaire)

L'ennemi le plus dangereux cache une épée derrière chaque sourire.
(Cao Wei)

Mon ennemi a du miel sur les lèvres mais son cœur cache un poignard.
(Paraphrase populaire du précédent)

Qui veut tuer sans en avoir les moyens emprunte l'épée de son ennemi.
(Classique des armes)

Enseignement (jiao)

教

Dispenser à des cancres la parole des maîtres, c'est soulever une énorme pierre pour la laisser retomber sur ses pieds.
(Tradition populaire)

La connaissance ne s'acquiert qu'à moitié par l'enseignement.
(Shu Jing)

Ainsi qu'une plante, chaque élève demande un soin particulier.
(Lun Yu)

La brise printanière souffle sur les hommes ; la pluie fait s'épanouir les fleurs.
(Se dit à propos d'un enseignement de qualité.)
(Meng Zi)

A Fan Zhi qui lui demandait de lui enseigner l'art du jardin, Confucius répondit : « Un vieux jardinier vous l'apprendrait mieux que moi. »
(Zhuang Zi)

ENTREMETTEUR (MEI REN)

媒人

L'ami de la famille taille un manche de hache : les jeunes gens seront bientôt mariés.
(Sans manche, le bûcheron ne peut manier le fer. Dans le cas d'un mariage, le manche symbolise donc l'entremetteur.)
(Tradition populaire)

L'oiseau Zhen est un mauvais entremetteur ; il dit du mal de moi !
(L'oiseau Zhen symbolise les ragots et la médisance ; trempées dans du vin, ses plumes le transforment en poison.)
(Tradition populaire)

ENVIE (KE WANG)

渴望

Les crapauds voudraient goûter la chair du cygne.
(Tradition populaire)

L'envieux jalouse les hommes de talent au point de les détester.
(Da Xue)

ÉPÉE (JIAN)

劍

A trop l'aiguiser, l'épée risque de se transformer en aiguille.
(Tradition populaire)

ÉPROUVER (SHI YAN)

試驗

Comme la force d'un coursier s'éprouve sur un long trajet, c'est sur une longue période que s'éprouve le cœur d'un homme.
(Tradition populaire)

Erreur (cuo)

錯

Qui reconnaît son erreur doit la corriger sans délai.
(Mao Ze Dong)

Une chute dans le fossé : un gain pour la sagesse.
(Tradition populaire)

Un centième de pouce d'écart au départ : mille lis à l'arrivée.
(Tradition populaire)

Érudit (shi)

士

Est érudit qui connaît le Ciel, la Terre et les hommes.
(Tradition populaire)

Celui qui sait beaucoup semble bête.
(Su Cai)

Le véritable érudit connaît l'ancien aussi bien que le nouveau.
(Tradition mandarinale)

L'érudit, du fond de son cabinet, ne connaît du monde que ce que la grenouille, du fond de son puits, connaît du ciel.
(Tradition populaire)

Les érudits de notre temps sont juste bons à parler avec des porteurs de palanquin !
(Le Dao, que l'on cherche à atteindre, est un éminent personnage qui se déplace dans un palanquin porté par quatre porteurs : l'étymologie, la phonétique, l'astronomie et la géographie.)
(Dai Zhen)

Esclave (nu)

奴

Quel plaisir à vivre courbé ? Quelle tristesse à mourir dressé ?
(Han Yu)

Qui vit courbé ne pourra jamais se redresser.
(Meng Zi)

Esprit (jing shen)

精神

Ma vie est limitée mais mon esprit ne l'est pas.
(Cri de liberté des prisonniers politiques du Guo Min Dang pendant la « terreur blanche » de Shanghai.)
(Zhuang Zi)

L'esprit est comme un miroir. Il faut sans cesse le laver, l'essuyer, le frotter afin qu'il reste sans poussière.
(Shen Xiu)

Esprits (gui)

鬼

Les esprits supérieurs du bois et du feu font naître les êtres ; les esprits inférieurs du métal et de l'eau les font mourir.
(Zhang Zi Hou)

On doit traiter les esprits comme des hôtes.
(Tradition populaire)

Les esprits malfaisants hantent les maisons aux seuils crasseux.
(Mais, en franchissant un seuil de cuivre bien astiqué, les esprits y voient leur reflet et, terrifiés par leur propre image, s'enfuient.)
(Tradition populaire)

Étude (xue)

學

Celui qui étudie sans compagnon ne développe pas son intelligence et n'acquiert pas d'érudition.
(Li Xue Ji)

Avoir lu beaucoup de livres et les connaître par cœur, ce n'est pas l'étude.
(Li Gong)

L'étudiant pauvre perce le mur pour voler la lumière du voisin.
(Jia Yu)

Il faut engranger les connaissances comme les céréales dans un grenier.
(Tong Shen Ri Li)

Examen (kao shi)

考試

Le jeune lettré a échoué aux examens : la perle qui brille aux rayons de la lune cherche en vain des hommes qui, pour elle, porteraient la main à l'épée.
(You Xue)

Le candidat a été classé après Sun Shan.
(Se dit d'un candidat recalé. D'après une fable ancienne, Sun Shan est un étudiant reçu dernier à un examen.)
(You Xue)

Le candidat s'est blessé le front au passage de la Porte du Dragon.
(Se dit d'un candidat recalé. « La Porte du Dragon » – « Long Men » – se trouve à l'est du fleuve Jaune, sur le passage d'un torrent violent entre deux montagnes escarpées. Elle symbolise l'épreuve.)
(You Xue)

L'étudiant remonte le courant de la Porte du Dragon.
(Voir ci-dessus. Se dit d'un candidat passant un examen et, par extension, de quelqu'un qui essaie d'approcher un homme puissant.)
(Tradition populaire)

L'inconnu en habit rouge a hoché la tête.
(Se dit d'un candidat reçu. D'après une fable ancienne, un examinateur, comparant les manuscrits des candidats pour l'épreuve littéraire, vit, assis derrière lui, un homme vêtu de rouge inclinant la tête à chaque bonne composition.)
(Ou Yang Xiu)

Excès (sheng yu)

剩餘

Le soir contracter un mariage et le matin suivant se dire adieu. N'est-ce pas une trop grande précipitation ?
(Tradition populaire)

Prendre la parole avant d'être interrogé, c'est précipitation.
(Lun Yu)

Trop parcimonieux ou trop impatient, on ne peut rien accomplir.
(Classique des armes)

Insuffisant par rapport à plus, mais moins par rapport à trop.
(Zhang Yi Mou)

Le sage rejette tout excès dans sa conduite, ses dépenses et son apparat.
(Dao De Jing)

Il ne faut pas essayer de forcer le résultat ; tout excès est vain.
(Zhuang Zi)

Qui n'est pas économe de ses forces s'évanouit.
(Se dit quand quelqu'un tombe de fatigue.)
(Tradition populaire)

Exemple (bang yang)

榜樣

Punir un pour terrifier cent !
(San Guo Shi)

Par l'exemple, les hommes vertueux forment ceux qui ne le sont pas.
(Meng Zi)

Marcher sur les brisées de quelqu'un ne peut pas servir d'exemple.
(Variante du précédent)

Exigence (xu yao)

需要

Le sage exige tout de lui-même ; l'homme vulgaire attend tout des autres.
(Confucius)

Expatriation (chu guo)

出國

Quitter son pays natal, c'est déambuler pieds nus dans la neige ou porter un bonnet de fourrure sous un soleil de plomb.
(Hu Ye Pin)

Quand la flèche quitte la corde de l'arc, elle souhaite de tout son cœur rentrer chez elle.
(Se dit à propos du mal du pays.)
(Lun Yu)

Celui qui quitte son pays natal est comme un marchand qui ne trouve pas d'acheteurs.
(Shi Bei Feng)

Expérience (jing yan)

經驗

Un veau nouveau-né n'a pas peur des tigres.
(Tradition populaire)

F

FACILE (YI)

易

C'est aussi facile que souffler sur des cendres !
(Tradition populaire)

L'affaire est si facile qu'elle se coupe en deux toute seule à l'approche du couteau.
(Tradition populaire)

Il est facile de faire fondre la neige en l'arrosant d'eau bouillante.
(Huai Nan Zi)

FAIBLESSE (RUO)

弱

Petite faiblesse chez mon rival : grand avantage pour moi.
(San Shi Liu ji)

Il est si faible qu'il ne supporte pas le poids de ses vêtements.
(Li Cao Gong)

Ce qui est faible arrive à transformer ce qui est fort.
(Yi King)

Faille (duan ceng)

斷層

Qui frappe la pierre se blesse ; qui force la faille fend la pierre.
(Guan Zi)

Comme il faut s'introduire dans la moindre faille, il faut mettre à profit la moindre chance.
(San Shi Liu Ji)

Une fourmi ne pénètre pas dans une brique sans fissure.
(La seule défense efficace est celle qui ne présente aucune faille.)
(Xu Du)

Faim (è)

餓

L'homme au ventre vide se donne de grandes claques sur les joues pour avoir bonne mine.
(Tradition populaire)

La paix de l'estomac rend aussi inébranlable que le mont Taï Shan.
(Tradition populaire)

Au rassasié, le riz paraît de la poussière et le ragoût de la boue.
(Han Fei Zi)

L'affamé peint des galettes pour tromper sa faim.
(Tradition populaire)

Familiarité (qin ni)

亲嫟

La familiarité entre supérieurs et inférieurs blesse la dignité et le respect.
(Hou Han Shu Yan Chuan)

Trop familiers dans leur jeune âge se mépriseront devenus adultes.
(You Xue)

Famille (jia)

家

Une famille qui s'aime est le meilleur garant de l'unité du peuple.
(Da Xue)

Comme l'arbre vit de ses racines, comme le fleuve s'élargit depuis sa source, la famille se développe autour des ancêtres.
(Tradition populaire)

La jeune génération se repose à l'ombre des arbres plantés par les générations précédentes.
(Tradition populaire)

Le sang est plus épais que l'eau !
(Priorité à la famille.)
(Tradition populaire)

Fils désobéissant rompt les liens familiaux, s'exclut de lui-même et détruit la lignée.
(Tradition populaire)

Fantôme (you ling)

幽靈

L'âme d'un mort qui sait où se retirer ne vient pas tourmenter les vivants.
(Zuo Chuan)

L'âme d'un homme mis à mort revient troubler les vivants.
(Huai Nan Zi)

La méfiance fait naître les fantômes.
(Se dit d'une personne à tendance paranoïaque.)
(Yu Li Zhong)

On doit croire comme on croit ce que dit un fantôme.
(Zuo Chuan)

Favoris (en hui)

恩惠

Avoir des favoris, c'est s'attirer le mépris des jaloux.
(Tradition populaire)

Femme (nu)

女

Les femmes soutiennent la moitié du ciel.
(Mo Zi)

Le charme d'une femme peut ruiner un État et dévaster une place forte.
(Tradition populaire)

La lionne rugit à l'est du fleuve Jaune.
(A propos d'une femme qui se fait craindre de son mari.)
(Su Xia)

Trois femmes ensemble ; on est au théâtre.
(Tradition populaire)

Feu (huo)

火

Le feu peut flamber longtemps si chacun apporte du bois.
(Tradition populaire)

Qui allume un feu à côté de la réserve de bois est en danger.
(Alors que tout semble normal, une simple faute d'inattention peut être dangereuse.)
(Qia Yi)

Le grand préfet s'autorise à incendier mais refuse au peuple d'allumer une lampe.
(Zhang Shi Che)

Celui qui comprend clairement voit le feu.
(Xiang Shu)

Le combustible se consume mais la flamme peut être transmise.
(Zhuang Zi)

FILLE (NU ER)

女兒

Un gendre rapporte de l'eau ; une fille, des bouches étrangères à nourrir.
(Tradition populaire)

Un fils naît : grande joie ! Une fille naît : petite joie !
(Tradition populaire)

Dès qu'une fille vient au monde, ses parents désirent lui trouver un mari.
(Meng Zi)

FILS (ER ZI)

兒子

Un bon fils garde toujours le visage de ses parents présent au fond des yeux.
(Tradition populaire)

Conserver sa vie et ses membres en bon état sont les premiers devoirs d'un bon fils.
(Lun Yu)

FIN (MO)

末

Toute chose a un commencement et une fin.
(S'emploie dans les jeux de société afin de bien définir les limites temporelles d'une partie. Durant cette période, gestes et paroles sont soumis aux règles du jeu ; en dehors, ils sont libres.)
(Da Xue)

Tout commencement appelle une fin.
(Contrairement au précédent, s'emploie au cœur même d'une action afin d'en précipiter le dénouement.)
(Zhou Yi)

Flatteur (gong wei)

恭維

Le flatteur choisit ses mots d'après le visage de son interlocuteur.
(Zhou Liang Gong)

Aimer s'entendre louer, c'est s'attirer courtisans et flatteurs.
(Wen Zhong Liao)

Le flatteur a une face d'esclave.
(You Xue)

Par des flatteries, le renard parvient à tromper le tigre.
(Lo Bin Wang)

Fleur (hua)

花

Quand la pivoine sauvage fleurit, la pivoine cultivée se fane.
(Se dit à propos d'une beauté nouvelle qui, par son éclat, éclipse celles dont on a l'habitude.)
(Tradition populaire)

La pivoine donne sa couleur au pays et son parfum au Ciel.
(On notera que les deux premiers caractères « guo » – pays – et « se » – couleur – forment une expression idiomatique signifiant « la plus belle femme du pays ».)
(Tradition populaire)

Le printemps fait naître l'orchidée, l'automne le chrysanthème.
(Chaque période de vie a son bon côté.)
(Zhou Si)

Fleuve (jiang)

江

Le fleuve Bleu et le fleuve Jaune ne sauraient remplir un vase fêlé.
(Huai Nan Zi)

Qui sait contraindre le cours des fleuves sait indiquer la voie au peuple.
(Jia Rang)

Lorsque le fleuve Jaune rompt ses digues, il est difficile de les réparer.
(Sous le coup de la colère ou de la passion, on se laisse aller à des actes ou à des paroles regrettables.)
(Shi Tai Ben Ji)

FORCE (LI)

力

Le fort qui perd sa force la donne au faible.
(Yi King)

La force est d'autant plus efficace qu'elle se dissimule sous l'apparence de la faiblesse.
(Paraphrase du Yi King)

Qui vainc les autres est puissant – qui se vainc lui-même est très fort.
(Dao De Jing)

Plus on le freine, plus il devient fort.
(Yang Zi)

FORME (FANG SHI)

方式

L'argile mouillée est sur la roue du potier.
(Se dit quand les choses sont sur le point de prendre forme.)
(Dong Zhong Shu)

FOULE (ZHONG)

衆

La foule s'écoule dans les rues des villes comme les flots de la rivière.
(Tradition populaire)

Dans la foule, l'homme est comme un grain de sable soulevé par le vent.
(Tradition populaire)

La foule a toujours les yeux grands ouverts.
(Il est difficile de cacher quelque chose au public.)
(Han Yu)

FOURMIS (MA YI)

螞蟻

Les fourmis qui envahissent l'acacia prennent des airs de grande nation ; d'autres essayent d'ébranler un grand chêne.
(Le faible se gonfle d'importance.)
(Tradition populaire)

La cigogne chante sur une fourmilière.
(Se dit pour affirmer sa propre noblesse.)
(Shi Zheng Feng)

Où il y a du sucre, il y a des fourmis.
(Tradition populaire)

Une fourmilière peut briser une digue de mille lis.
(Il faut s'assurer de tous les détails, même les plus infimes, avant de lancer une affaire importante.)
(Tradition populaire)

FOURRURE (MAO PI)

毛皮

Le renard et la zibeline ont de belles fourrures – c'est bien là leur malheur !
(Yang Zi Tai Xuan Jing)

On évite de parler de fourrure avec un renard.
(Wang Fu)

Franchise (tan shuai)

坦率

L'homme de bien aime la franchise : il ouvre la lucarne et parle crûment.
(Tradition populaire)

Qui vend la vérité achète le malheur.
(Vendre la vérité, c'est la faire payer cher par trop de franchise.)
(Zuo Chuan)

Frère (xiong)

兄

Aucun homme au monde n'est préférable à un frère.
(Shi Lu Yang)

Frères qui se querellent dans la maison s'unissent au-dehors pour repousser les insultes.
(You Xue)

Le vent au bord du bassin fait naître des vaguelettes et ployer l'herbe printanière.
(L'herbe qui pousse au bord du bassin symbolise la fraternité. Se dit à propos de l'amour fraternel et des secours compatissants qu'on en attend dans l'adversité.)
(Xie Ling Yun)

Froid (leng)

冷

Quand les lèvres sont coupées, le froid glace les dents.
(Tradition populaire)

Quand on marche sur le givre, la glace dure n'est pas loin.
(Yi King)

La glace épaisse de trois pieds ne s'est pas formée en un jour de gel.
(Critique un manque de prévoyance.)
(Tradition populaire)

La glace est faite d'eau ; pourtant, elle est plus froide que l'eau.
(Se dit lorsqu'un élève surpasse son maître.)
(Sun Zi)

Celui qui couvre sa tête d'un bonnet ne se dénude pas les bras.
(Li Wen Xiang)

L'hiver, l'esclave d'étain réchauffe les pieds.
(L'esclave d'étain est une bouillotte.)
(Tradition populaire)

Fuite (tao pao)

逃跑

Un souverain en fuite est couvert de poussière.
(Se dit à propos d'une déchéance.)
(Tradition populaire)

Des trente-six stratagèmes pour combattre un ennemi, le meilleur est la fuite.
(Allusion au traité d'art militaire Les Trente-Six Stratagèmes.)
(Tradition populaire)

Funérailles (mai zang)

埋葬

On peut choisir le jour des funérailles ; pas celui de la mort.
(Tradition populaire)

Quand un inconnu meurt sur le chemin, il se trouve toujours quelqu'un pour l'enterrer.
(Shi Xiao Ya)

On creuse la fosse du mort à une grande profondeur mais on se garde bien d'aller jusqu'aux Sources.
(Les Sources sont les portes du royaume de la mort.)
(Li Tan Gong)

G

Gaspiller (Lang fei)

浪費

Ce qui est entré sans raison sortira sans raison.
(A propos d'un bien immérité que l'on dilapide.)
(Su Yu)

Une fois gaspillés, les dons du Ciel ne reviennent pas.
(Shu Xiao Ya)

Générosité (kang kai)

慷慨

Plus un homme est généreux, plus il est capable.
(Su Yu)

Le maître traite avec prodigalité ceux qui partent et accepte peu de ceux qui viennent.
(Zhong Yong)

Il est facile d'être généreux avec le bien d'autrui.
(Tradition populaire)

Germe (pei zhong)

胚 種

Avant de devenir réalité tangible, tout phénomène est en germe. Le sage prend grand soin des germes.
(Han Fei Zi)

Soyez pour moi ce que le ferment et le germe du grain sont pour les boissons !
(Shu Shuo Ming)

Gouverner (zong)

總

L'enfant dit : « Le prince qui sait gouverner ses sujets est comme l'homme qui mène paître les chevaux. Il écarte d'eux tout ce qui pourrait leur nuire. »
(Zhuang Zi)

Qui ne s'intéresse pas à la « loi naturelle », comment pourrait-il gouverner ?
(Zhou Yu)

Quand la queue est trop grande, l'animal ne peut la remuer ; quand les sujets sont trop forts, le prince ne peut les gouverner.
(Zuo Chuan)

L'amour de la vertu est plus que suffisant pour gouverner tout l'univers.
(Meng Zi)

Grade (Deng ji)

等 級

Le jour approche où vous serez élevé à une haute dignité.
(Se dit ironiquement à celui qui se fait une haute idée de lui-même.)
(You Xue)

Grande Muraille (chang cheng)

長城

L'homme sage n'a pas à rougir devant la Grande Muraille.
(Ban Shu)

On n'est pas un homme tant que l'on n'a pas atteint la Grande Muraille.
(A propos des vertus formatrices des voyages lointains, hors des frontières du pays.)

La brique en trop de Yi Kai Zhan est exposée sur le rebord de la Grande Muraille.
(Se dit quand on admire la justesse d'une prévision. D'après la légende, au cours de la construction de la passe de Jia Yu Guan, à l'extrémité ouest de la Grande Muraille, l'ingénieur Yi Kai Zhan affirma que, d'après ses calculs, à la fin des travaux, il ne resterait pas une brique de trop. A l'achèvement de la construction il restait une seule brique excédentaire qu'on exposa sur le rebord du mur de la tour, où l'on peut encore la voir aujourd'hui.)
(Zhang Bu Xin)

Gras (zhi fang)

脂肪

A entrailles grasses, cerveau lent.
(Trop de poids empêche l'agilité intellectuelle.)
(Bei Qi Shu)

L'homme craint d'être reconnu comme le cochon d'être gras.
(Se dit de quelqu'un qui se sent exposé au danger.)
(Tradition populaire)

Grillon (Xi shuai)

蟋蟀

Le grillon dit : « Dépêchez-vous de tisser ! Dépêchez-vous de tisser ! Dépêchez-vous de tisser ! »
(Jeu sur la prononciation de « Cu zhi, cu zhi, cu zhi ! » : « Tssou tsseu, tssou tsseu, tssou tsseu », qui rappelle les stridulations du grillon.)
(Slogan des soieries Tang de Shanghai)

GRUE (HE)

鶮

Quand les grues volent en gémissant d'une voix plaintive, le peuple est malheureux.
(Les grues symbolisent la noblesse des sentiments. Lorsqu'elles s'en vont, le pays n'est plus gouverné par des sages.)
(Shi Xiao Ya)

La grue retourne à ses anciennes compagnes.
(Lorsque l'homme meurt, son s'âme s'élève hors de son enveloppe charnelle.)
(Annales de l'Ouest)

Est-il pire chose que de faire cuire une grue en jetant au feu un « qin » ?
(La grue et le luth – « qin » – sont les symboles sacrés du lettré.)
(Zhao Zi)

GUERRE (ZHAN ZHENG)

戰争

L'envahisseur repoussé, à quoi bon continuer la guerre ?
(Du Fu)

Petite guerre, grande stratégie !
(Tradition populaire)

Le fer a moissonné les habitants de notre pays !
(Wang Nan Shi)

Hélas ! les soldats ne se lasseront pas de faire la guerre.
(Li Yue Ling)

Il se revêtit une seule fois de son armure et l'empire fut bien consolidé.
(Han Yu)

H

Habileté (neng gan)

能幹

La suprême habileté n'est bonne qu'à mener une vie inutile.
(Xia Guan)

L'habile artisan manie la hache d'un fantôme et accomplit le travail d'un génie.
(Tun Cai)

Habitation (ju)

居

L'habitation de l'homme est définie : sous le Ciel et sur la Terre !
(Han Yan)

Habitude (guan)

慣

Un fait habituel n'éveille pas les soupçons.
(San Shi Liu Ji)

Hache (Fu)

斧

Une hache ne peut pas tailler son propre manche.
(Tradition populaire)

Haine (wu)

恶

Le ministre Li restera insatisfait tant qu'il n'aura pas vu le cadavre de son condisciple.
(Allusion à la haine implacable que se vouaient Li Si, ministre du premier empereur, et Han Fei, fondateur de l'école des Légistes.)
(Si Ma Qian)

Le voleur doit haïr le maître de maison.
(Zuo Chuan)

Quand il ne me frappe pas, mon ennemi me couvre d'injures.
(Tradition populaire)

Handicap (can que)

残 缺

L'homme à qui on a bandé les yeux et bouché les oreilles à la cire n'essaie pas d'attraper les moineaux.
(Tradition populaire)

Celui qui regarde le ciel avec une cuvette sur la tête n'est pas près de le voir.
(Si Ma Qian)

Harcèlement (Sao rao)

騷擾

Quand l'ennemi avance, nous reculons. Quand il fait halte, nous le harcelons.
(Slogan de l'Armée rouge pendant la Longue Marche.)

Harmonie (He)

和

Quand les efforts des hommes tendent vers un but commun, leurs souffles s'harmonisent d'eux-mêmes.
(Han Yu)

Mors de cheval ne convient pas à un âne.
(Tradition populaire)

L'harmonie est la loi universelle.
(Zhong Yong)

Le sage n'essaie pas d'accorder pair et impair.
(Zhuang Zi)

Le sage travaille pour l'harmonie sans faire de compromis ; l'individu vulgaire travaille dans le compromis sans parvenir à l'harmonie.
(Confucius)

Les esprits donnent leur protection, les sages leur savoir et les animaux leurs forces : le royaume est en harmonie.
(Guan Zi)

Le sage règle l'intérieur avec vigilance et l'extérieur selon les lois de l'équité.
(Yi King)

Haut (Kao)

高

Qui veut bâtir haut bâtit sur des montagnes.
(Meng Zi)

Bien que le Ciel soit très haut, nous vivons courbés sans oser nous relever.
(Shi Da Ya)

Héros (ying xiong)

英雄

Le héros entre en lice, sans arme, le torse nu et le cœur rouge.
(Tradition populaire)

Un héros verse son sang mais pas de larmes.
(Tradition populaire)

Le véritable héros sait éviter les coups.
(Tradition populaire)

Le héros s'est aguerri au milieu des vents déchaînés et des vagues déferlantes.
(Tradition populaire)

Le héros ne craint pas de marcher sur des sabres nus.
(Zhong Yong)

Hirondelle (yi)

鳦

L'hirondelle chuchote et parle à voix basse ; c'est pourquoi on ne comprend pas ce qu'elle dit.
(Se dit quand on fait la sourde oreille aux paroles de compassion.)
(Nan Shu)

L'hirondelle se croit plus forte que le phénix.
(Huai Nan Zi)

Les hirondelles demeurent dans la grande salle.
(A propos d'une scène de la vie domestique : la mère et la fille s'amusent ensemble.)
(Liu Jue)

Aucun autre oiseau n'a autant d'intelligence que l'hirondelle.
(Compliment à propos des femmes de la maison.)
(Zhuang Zi)

Hiver (dong ji)

冬季

La nourriture d'hiver doit être salée.
(Li Nei Zi)

Quand le paysage ressemble à une broderie, nous sommes au deuxième mois de l'année.
(Tradition populaire)

En hiver, toute la nature est fermée au principe Yin.
(Yang Zi)

On compte neuf fois neuf jours de froid à partir du solstice d'hiver.
(Ri Li)

Homme (ren)

人

L'homme est l'être le plus précieux entre le Ciel et la Terre.
(Wei Yuan)

L'homme est la conscience de l'Univers.
(Zhang Zai)

Tout homme né du Ciel ne peut être soumis qu'au Ciel.
(C'est pourquoi il ne doit pas être considéré comme citoyen d'un pays mais comme citoyen du Ciel. Et c'est pourquoi tous les hommes sont autonomes et égaux.)
(Kang You Wei)

L'homme apporte l'affliction en naissant.
(Zhuang Zi)

L'homme bouleverse la Terre des commencements jusqu'à la fin ; il ne respecte ni les sommets des montagnes ni les rives des cours d'eau.
(Zhuang Zi)

L'homme naît bon ; ses dispositions changent sous l'influence de causes extérieures.
(Shu Jun Chen)

Homme accompli (jun)

君

On appelle « homme accompli » celui dont les qualités dépassent celles de dix mille autres.
(Si Ma Qian)

L'homme accompli ne se laisse arrêter par personne.
(Shi Ji)

L'homme accompli porte la cuirasse de la fidélité et le casque de la sincérité.
(Li Xing)

L'homme accompli s'intéresse aux grandes choses lointaines, l'homme vulgaire aux petites choses proches.
(Zuo Chuan)

L'homme accompli a-t-il besoin de s'initier à beaucoup de techniques ?
(Raille le dilettantisme d'une certaine classe de mandarins.)
(Lun Yu)

Honnêteté (cheng si)

誠實

Là où règne l'honnêteté, nul ne ramasse ce que d'autres ont perdu en chemin.
(Zan Guo Ce)

L'arbre droit sera scié, l'homme droit sera pauvre.
(Tradition populaire)

Honte (chi)

耻

Qui perd sa charge tombe comme une motte de terre sur le sol.
(S'emploie à propos de l'humiliation ressentie par quelqu'un qui se sent désormais inutile.)
(Zhuang Zi)

Une boutique importante humilie le client ; un client important humilie la boutique.
(Tradition populaire)

Qui sait se satisfaire n'a jamais honte.
(Han Shu)

Hôte (ke)

客

Qui respecterez-vous si vous ne respectez pas votre hôte ?
(Tradition populaire)

Quand quelqu'un vient, on doit le satisfaire.
(Confucius)

Huit (ba)

八

Le huitième jour du huitième mois, chacun a le pouvoir de retourner une situation en sa faveur.
(En Chine, le huit est le chiffre de la chance.)
(Tradition populaire)

A peine huit chances sur huit fois dix mille et pourtant ce bonheur est arrivé !
(Tradition populaire)

Grand ouvert comme le caractère « ba ».
(S'emploie à propos d'une personne de bonne composition, avenante. Le caractère « ba » ressemble à un triangle sans base dont on aurait ouvert le sommet.)
(Shi Zi Ba Quan)

Huit Immortels (ba xian)

八仙

Les Huit Immortels franchissent la mer : ils portent chance.
(Tradition populaire)

Les vrais pouvoirs de chacun des Huit Immortels deviennent évidents quand ils traversent la mer.
(Chacun révèle ses qualités personnelles devant le danger.)
(Tradition populaire)

Humanité (ren dao)

人道

Le sage pratiquant la vertu d'humanité doit faire sa propre conquête chaque matin.
(Tradition populaire)

Humilité (qian)

謙

Votre serviteur n'a que le petit talent de savoir graver des caractères gros comme des insectes.
(En signe d'humilité : « Je n'ai aucune qualité digne d'être mentionnée. »)
(Yang Wei)

I

IDÉE (ZHU YI)

主意

L'idée n'est pas le mot : elle vit dans le mot.
(Li Zi)

L'idée doit venir avant le pinceau.
(Xu Du)

IGNORANCE (BU ZHI)

不矢

L'ignorant parle du Dao comme l'aveugle décrit une maison en tâtant un éléphant.
(Zhuang Zi)

L'ignorant est comme un oiseau qui mange.
(Han Yu)

L'ignorant crie et gémit puis rit d'avoir eu peur.
(Yi Tong Ren)

ILLICITE (FEI FA)

非法

Le sage se garde de saisir un avantage illicite, dommageable à sa vertu, comme de prendre un plaisir illicite, source de repentir.
(Guan Zi)

ILLUMINATION (GAN WU)

感悟

La prise de conscience sans objet est le premier pas vers l'illumination.
(Précepte fondateur du bouddhisme zhan ou zen au Japon.)
(Lin Qi)

ILLUSION (HUAN JUE)

幻覺

Le crédule court après le vent et les ombres.
(Tradition populaire)

IMAGINAIRE (XIANG XIANG)

想象

Le Ciel, la Terre et les dix mille êtres habitent à l'intérieur de notre crâne, nulle part ailleurs !
(Vénérable Tai Xu)

Les choses sont comme on les voit ; elles se déroulent comme on s'y attend ; elles n'existent que par notre esprit.
(Tradition populaire)

Imbécile (yu ren)

愚人

Qui façonne une statue d'argile fabrique un imbécile.
(Zhu Xie)

L'imbécile ne sait même pas reconnaître un clou !
(Tradition populaire)

L'imbécile dort toute sa vie ; il ne s'éveillera que le jour de sa mort.
(Liu Zong Yuan)

L'imbécile croit ses rêves.
(Hui Hong)

Il ne faut pas rêver devant les imbéciles.
(Mieux vaut ne pas aborder certains sujets devant certaines personnes.)
(Tradition populaire)

L'imbécile s'attaque à la charrette en flammes en remplissant d'eau une tasse de porcelaine.
(Tradition populaire)

Sur mille réflexions, l'une, prononcée par le sage, peut être fausse et l'autre, prononcée par l'imbécile, juste.
(Zhuang Zi)

Imitation (xiao)

效

L'imitateur n'est que poussière derrière l'homme qui marche.
(Cui Si)

L'homme vertueux est pris pour modèle mais n'encourage pas les imitateurs.
(Li Qu Li)

Estime-toi heureux si le cygne sculpté ressemble à un canard !
(A propos d'une imitation imparfaite.)
(Hou Han Ma Yuan Chuan)

La vertu ne va jamais seule : elle a toujours des imitateurs.
(Lun Yu)

Impassible (wu gan jue)

不可

Les fleurs enamourées ont beau faire pleuvoir leurs pétales, le ruisseau poursuit son cours, impassible.
(Tradition populaire)

Ne pas se réjouir d'un gain ; ne pas s'attrister d'une perte.
(Huai Nan Zi)

Impatience (ji zao)

急躁

De petites impatiences peuvent conduire à une grande imprudence.
(Confucius)

Imposture (pan zha)

騙詐

Usurper un titre n'est rien si l'on s'en montre digne.
(Li Yu)

Accepter un honneur qui ne vous est pas dû, c'est prendre une liberté trop grande.
(Tradition populaire)

L'imposteur prend le nom d'un autre et se dit habitant d'un pays que l'on ne connaît pas.
(Tradition populaire)

L'imposteur peut faire illusion parmi trois cents flûtistes qui jouent le même air – pas lorsque le roi Xuan fait jouer un solo à chacun.
(Han Fei Zi)

Impôts (shui)

税

A chaque nouvel impôt, une nouvelle fourberie et une vexation.
(Li Xi)

Le peuple divise le produit de son travail en trois parties ; il en donne deux au prince et n'en garde qu'une pour sa nourriture et son vêtement.
(Zuo Chuan)

Incapable (bu hui)

不 會

Qui défend des hommes incapables se montre soi-même incapable.
(Shu Zhou Gong)

Incendie (huo zai)

火 災

L'incendie de la porte de la ville cause un grand malheur aux poissons du fossé.
(Quand on puise l'eau dans le fossé pour éteindre l'incendie, on l'assèche et les poissons meurent.)
(Ying Shao)

Il est préférable de contempler l'incendie qu'on a allumé sur la berge d'en face !
(San Shi Liu Ji)

L'eau éloignée ne peut éteindre un incendie proche.
(Il ne suffit pas d'avoir les compétences nécessaires à une fonction : encore faut-il être sur place pour la remplir.)
(Han Fei Zi)

Indulgence (kuan rong)

寬容

Un prince sage est indulgent, pas négligent.
(Zhuang Zi)

Il convient d'être indulgent en regard des circonstances.
(Li Xing Shu)

Mieux vaut trop d'indulgence que trop de rigueur.
(You Xue)

L'homme vulgaire témoigne son affection par une indulgence blâmable.
(Li Tan Gong)

Le prince pardonne les simples erreurs et punit avec indulgence les fautes commises délibérément.
(Yi King)

Le prince se montre indulgent pour les fautes commises par ignorance, involontairement ou par négligence.
(Zhou Li)

Ingérence (gan she)

幹涉

Il y a beaucoup trop de mains ici !
(Trop de gens se mêlent d'affaires qui ne les concernent pas.)
(Tradition populaire)

Injures (wu ru)

侮辱

Le pusillanime injurie l'acacia en désignant le mûrier.
(Tradition populaire)

Fils de tortue ! Ta mère est « deux cent cinquante » !
(Injure suprême qui signifie, vu les mœurs fâcheuses de la tortue, que la mère dont il est question est de petite vertu. D'autre part, le nombre deux cent cinquante – « Er bai wu shi » – se prononce exactement comme « deux verges, cinq pierres ». Les « boules de geisha » étant constituées de pierres dures, cela sous-entend que cette femme s'adonne cinq fois à l'onanisme entre deux coïts.)
(Tradition populaire)

Incapable !... même de mourir !
(Lun Yu)

Injustice (bu gong zheng)

不公正

Une justice impartiale peut devenir une injustice.
(Tradition populaire)

L'injustice engendre une grande plainte ; la justice mal rendue prépare la révolte.
(Tradition populaire)

Le sophiste allègue beaucoup d'exemples pour commettre une injustice.
(Han Zhu Ge Liang)

Innocence (wu gu)

無辜

Accusé d'un crime, l'innocent ne sera jamais disculpé.
(Tradition populaire)

Une fois brisée la tablette de l'innocent, impossible de la lui rendre intacte.
(Se dit à propos de l'honneur d'un homme accusé à tort.)
(Gong Wen)

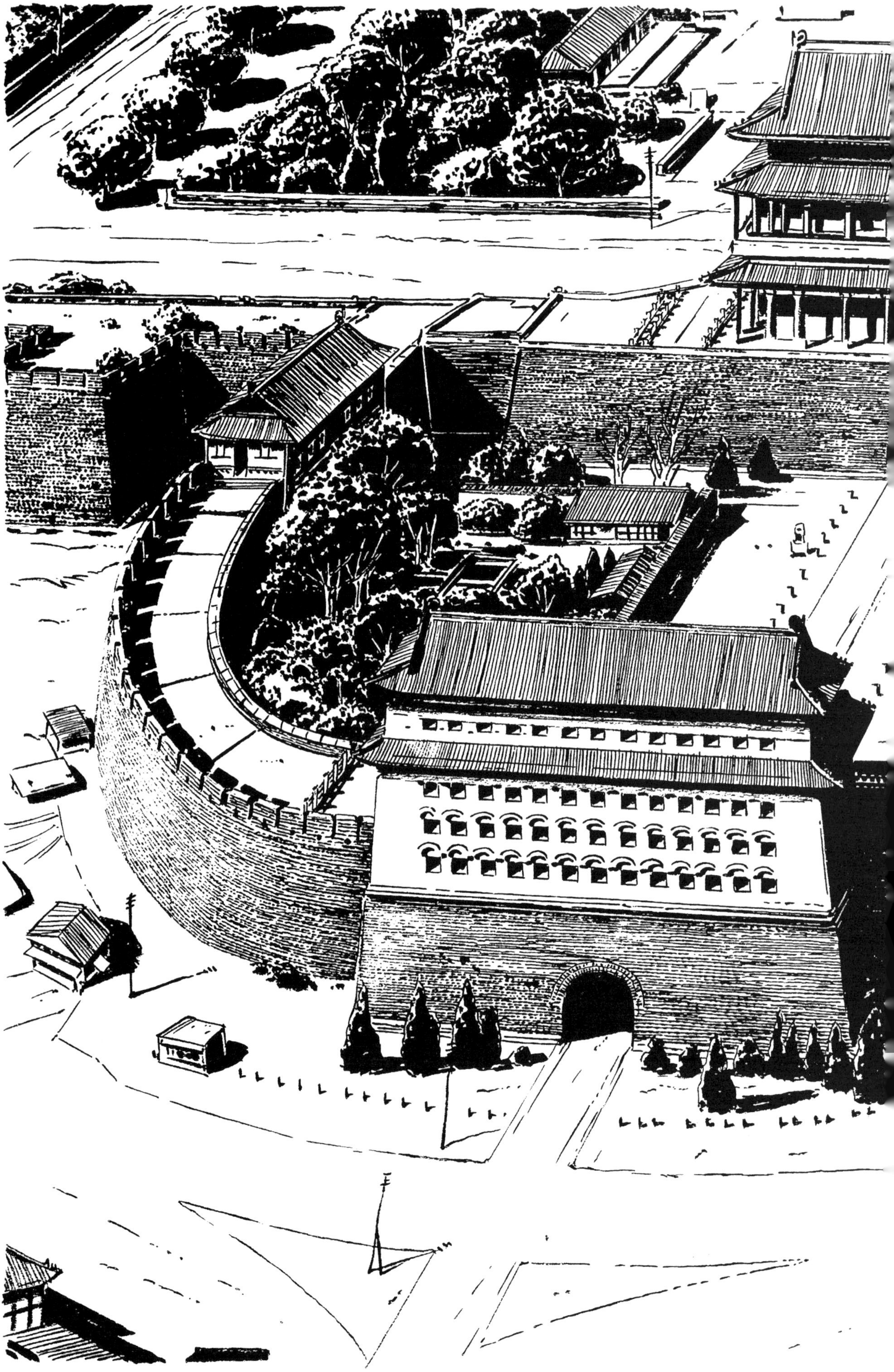

Inondation (shui zai)

水灾

Quand les neuf fleuves débordent, une motte de terre ne suffit pas pour endiguer leurs flots.
(Gong Yang Zhuan)

Insatisfait (bu man)

不满

L'insatisfait cherche à monter un cheval alors qu'il est déjà sur un âne.
(Tradition populaire)

Insectes (chong)

蟲

Les insectes sont des animaux qui ont les os hors du corps.
(Tradition populaire)

Les cigales n'ont pas fini de chanter que les oies sauvages arrivent en formation.
(A propos du cycle ininterrompu des saisons.)
(Tradition populaire)

Le cloporte habite chez le rat.
(Au fond du sordide, on trouve encore plus sordide.)
(Shu Fu)

Insolence (man)

慢

L'insolent possède le Ciel mais pas le soleil.
(Hong Lu Meng)

Intelligence (cong ming)

聰明

L'intelligence, c'est ce qui divise l'esprit en plusieurs parties et considère l'ensemble.
(Confucius)

Comme il est inutile de frapper fort sur un bon tambour, il n'est pas nécessaire de parler beaucoup à quelqu'un d'intelligent.
(Tradition populaire)

L'intelligence ouvre la barrière de roseau qui mène au champ.
(Meng Zi)

L'intelligence peut se retourner contre l'intelligence.
(Su Dong Po)

Inutile (wu yong)

無用

Avoir un double pouce aux mains ou aux pieds n'est pas utile !
(Zhuang Zi)

Voilà quelque chose de grand, de noble et d'imposant mais utile en rien !
(Tradition populaire)

On ne peut rien en faire : c'est un couteau de plomb !
(Tradition populaire)

Ivresse (tao zui)

陶醉

Vivre dans l'ivresse, c'est mourir dans un rêve.
(Chen Zi You Li)

La précieuse montagne va tomber !
(Se dit d'un homme qui a trop bu.)
(You Xue)

De toutes les manières de se saouler, la plus radicale est de s'enivrer de soi-même.
(Tradition populaire)

Quand l'ivrogne a atteint les sept ou huit dixièmes de l'ivresse la plus complète, son invité n'est qu'aux deux ou trois dixièmes de la patience la plus complète.
(Tradition populaire)

Le fond de l'ivresse du « Vieillard Ivre » n'est pas dans le vin, mais dans la beauté des montagnes et des cours d'eau.
(Ou Yang Xiu)

L'ivrogne est comme sourd : l'écheveau embrouillé de ses pensées lui bouche les oreilles.
(Tradition populaire)

車

J

JADE (YU)

玉

Les anciens sages comparaient la vertu au jade : comme elle, il a des angles mais ne blesse pas.
(Tradition populaire)

Le jade n'est pas l'objet : il le constitue mais c'est le travail de l'artiste qui lui donne sa forme.
(Li Ji)

JAUNE (HUANG)

黄

Les petits oiseaux, sur les bords du fleuve Bleu, préfèrent les fleurs jaunes du saule.
(Le jaune est la couleur de l'empereur.)
(Tradition populaire)

Jeu (du)

賭

Le jeu rend orphelin.
(On peut tout perdre au jeu, y compris sa famille.)
(You Xue)

Un jet de dés peut valoir un trésor.
(Wu Jia Zhi)

Joie (xi)

喜

La joie vient quand le cœur est en repos.
(Zuo Chuan)

Entre le prince et ses sujets, les joies sont communes.
(Meng Zi)

Jour (ri)

日

Ce jour peut briser l'année.
(Annonce un très mauvais jour sur les calendriers traditionnels.)
(Tong Sheng Ri Li)

Le coq ne chante pas ; le jour se lève quand même.
(Tradition populaire)

Justice (gong zheng)

公正

Qui se dévoue pour le bien public et la justice mérite le nom de brave.
(Zuo Chuan)

Le juge examine les sentiments pour fixer la peine.
(Qian Han Shu)

Au prince qui demandait : « Que manque-t-il dans ma maison ? », le sage répondit : « La justice ! »
(Zan Guo Ce)

La justice régit les affaires, la bienséance le cœur des hommes.
(Confucius)

L

Laboureur (geng ren)

耕人

Le travail de la terre est si pénible que pour un laboureur on trouve deux marchands.
(Qian Han Shu)

On ne doit pas prendre aux laboureurs le temps consacré à la culture des champs.
(Meng Zi Zhu)

Laideur (chou)

丑

La femme laide qui enfante au milieu de la nuit attend avec angoisse le matin : elle craint que l'enfant ne lui ressemble.
(Zhuang Zi)

Beau visage fardé sous la pluie : la laideur apparaît.
(Yang Zi)

Cette femme n'est pas salée !
(Se dit d'une femme très laide.)
(Tradition populaire)

Comme un chien ne reprochera jamais à son maître d'être pauvre, un enfant ne reprochera jamais à sa mère d'être laide.
(Tradition populaire)

Lama (la ma)

喇嘛

Un lama parle vite et s'habille de chanvre.
(Traduction littérale de « La ma » : « parler vite chanvre ».)
(Tradition populaire)

Quand les bonnets jaunes récitent leurs prières, on entend une matrone qui vomit.
(Les « bonnets jaunes » sont des lamas du Tibet. Ils récitent des mantras dont le fameux « ohm » se traduit, en chinois, par « ou mu », littéralement : « vomir matrone. »)
(Tradition populaire)

Larmes (lei)

泪

L'homme vrai ne pleure pas sur lui-même ; ses larmes sont toujours destinées aux autres.
(Meng Jiao)

Un héros verse son sang, pas des larmes.
(Tradition populaire)

Un garçon qui a envie de pleurer doit s'enfoncer un couteau dans la cuisse jusqu'à ce que ses larmes soient refoulées.
(Tradition populaire)

Lettré (shi)

士

Le lettré ne balaie pas la terre avec les livres classiques.
(Se dit de quelqu'un qui ne veut pas déchoir de sa dignité d'intellectuel.)
(You Xue)

Le lettré attaché à son confort n'est pas un véritable lettré.
(Lun Yu)

Liberté (zi you)

自 由

Le sage marche en liberté, loin de la poussière du siècle.
(Zhuang Zi)

Licorne (qi)

麒

Les licornes ne vont pas en troupeaux.
(Les gens d'exception sont solitaires, donc rares.)
(Tradition populaire)

Voir les traces des sabots de la licorne présage une illustre postérité.
(You Xue)

La nuit où naquit Confucius, la licorne apparut et vomit un livre de jade.
(Shi Yi Ji)

La licorne de jade s'élève au-dessus du Ciel.
(Se dit à propos d'un enfant surdoué.)
(Chen Shu)

Lièvre (tu)

兔

Le lièvre rusé a prévu trois sorties à son terrier : trois chances d'échapper à la mort.
(Tradition du Fu Jian)

On peut toujours attendre qu'un lièvre vienne se cogner à une souche.
(A propos d'un événement qui n'est pas près de se produire.)
(Han Fei Zi)

Limites (xian du)

限度

Comme un petit sac ne peut contenir un grand chapeau, comme une corde trop courte n'atteint pas le fond du puits, toute chose porte en elle sa propre limite.
(Zhuang Zi)

Rares sont ceux qui trouvent le moyen de se perdre entre d'étroites limites.
(Lun Yu)

Les messagers impériaux peuvent courir mille lis en un jour mais ne peuvent attraper un rat avec la même rapidité que le chat. A chacun ses limites.
(Zhuang Zi)

Un bélier peut briser un mur mais ne servira à rien pour réparer le trou.
(Zhuang Zi)

Livre (shu)

書

On doit croire les livres anciens – pas toujours leurs commentaires.
(Tradition populaire)

Le sage achète d'abord des livres ; ensuite, d'autres objets.
(Bai Ju Yi)

Pour le lettré, la seconde édition d'un livre est comme une femme de second rang.
(Fu Pan)

Un marchand de livres itinérant passe ma porte ; cent amis viennent me rendre visite.
(Du Fu)

Loi (fa)

法

Grâce aux lois écrites, le peuple ne craint pas ses gouvernants.
(Tradition populaire)

Qui ose changer les lois ou les ordonnances sera puni de mort.
(Shang Zi Ding Fen Pian)

Dépouillé de tout, il reste encore à l'homme les institutions et les lois.
(Shi Da Ya)

Comment le peuple pourrait-il se conformer aux lois écrites alors qu'il n'a pas appris à lire ?
(Meng Zi)

Mieux vaut négliger l'application d'une loi plutôt que mettre à mort un innocent.
(Shu Da Yu)

La loi peut tuer celui qui l'a promulguée.
(Se dit de quelqu'un qui se jette dans la gueule du loup.)
(Si Ma Xiang Ru)

En leur donnant la vie, le Ciel impose aux hommes la loi morale qui doit les guider.
(Shi Da Ya)

La loi du Ciel est gravée dans le cœur de l'homme et se nomme « loi naturelle ».
(Zhong Yong)

Longévité (chang shou)

長壽

Qu'il vous soit donné de vivre longtemps et dans l'abondance !
(Compliment employé comme formule de politesse et de salutation.)
(Shi Mi Song)

Dans la cabane au bord de la mer, on rajoute des tablettes.
(Formule de félicitation correspondant à « Longue vie à vous ! »)
(Su Cai)

Lotus (lian)

蓮

L'âme d'un saint fait pousser quatre lotus : un blanc pour rappeler ses mérites, un rouge pour connaître d'autres univers, un pourpre pour rencontrer des Bodhisattvas et un bleu pour renaître dans la « Terre Pure ».
(La « Terre Pure » est le paradis décrit dans les sûtras mahayanistes.)
(Tradition bouddhiste)

Le lotus est la fleur des hommes vertueux.
(Tradition populaire)

Le lotus sort de la boue sans être souillé ; ainsi la boue cache un joyau sans le tacher.
(Tradition bouddhiste)

Coupée, la racine du lotus est encore reliée par des filaments.
(Certains liens subtils peuvent raviver des relations interrompues.)
(Tradition bouddhiste)

Lumière (guang)

光

Il y a trois sortes de lumières dans le ciel : celle du soleil, celle de la lune et celle des étoiles.
(Tradition populaire)

Le soleil et la lune se partagent le soin d'éclairer la terre le jour et la nuit.
(Du Zhu Shi)

Lune (yue)

月

Voir le reflet de la lune dans l'eau, c'est voir la belle Heng He.
(Se dit à propos de quelqu'un qui est en danger alors qu'il se croit hors d'atteinte. Heng He, épouse du célèbre archer Yi, déroba à son mari l'élixir d'immortalité. Puis elle se réfugia dans la lune où elle se crut en sûreté, mais le magicien qui avait préparé l'élixir la découvrit en observant le reflet de la lune dans l'eau et la changea en crapaud-lune.)
(Tradition populaire)

L'homme franc, vertueux et droit est comme la lune claire dans un ciel lavé par la pluie et le vent.
(Huang Ting Jiang)

M

Magistrat (si fa guan yuan)

司法官員

Le premier, le cinquième et le neuvième mois de l'année, le magistrat s'abstient d'infliger aucun supplice.
(Huang Li)

Appliquant les mêmes lois, deux magistrats peuvent être sévères ou indulgents selon les époques.
(Wang Jou Ren)

Le nouveau magistrat qui fait appliquer des châtiments avant de recevoir l'approbation du peuple prépare la révolte.
(Sun Zi)

Le magistrat qui punit les crimes avec trop de sévérité est comme l'ouvrier qui purifie le métal jusqu'à le rendre cassant.
(Hou Han Shu)

Main (shou)

手

L'enfant prend avec ses deux mains celle qu'on lui tend pour l'aider à marcher.
(Li Qu Li)

Le sceau de l'homme du peuple, c'est sa main.
(Zhou Yin)

MAINTIEN (TAI DU)

態 度

Défendre une juste cause exige majesté et sévérité.
(Li Qu Li)

Le sage retient ses manières et use d'un langage circonspect.
(Se dit dans un contexte de contrainte, où la liberté de parole est proscrite.)
(Tradition populaire)

MAISON (FANG WU)

房 屋

Qui aime sa maison aime jusqu'aux corbeaux qui la survolent.
(Tradition populaire)

Du vivant de son père, un fils n'occupe jamais l'angle sud-ouest de la maison.
(L'angle sud-ouest, partie la moins éclairée donc la plus favorable au repos, est réservée au maître de maison.)
(Li Qu Li)

MAÎTRE (ZHU)

主

Le maître est un pilier inébranlable comme la montagne Di Zhu au milieu du fleuve Jaune.
(Tradition populaire)

Les mêmes maîtres forment indifféremment le sage et l'imbécile.
(Tradition populaire)

Le petit magicien rencontre le grand magicien.
(Se dit quand on trouve plus fort que soi.)
(Tradition populaire)

Maladie (bing)

病

Il faut se défendre contre la maladie tant que l'on est encore en bonne santé.
(Wang Shi Deng)

La maladie retourne dans son logis.
(Se dit en cas de rechute.)
(Tradition populaire)

Un serpent sourd attaque un tigre courbatu.
(Se dit quand on attrape un rhume de cerveau.)
(Chu Ya)

Malheur (bu xing)

不幸

Un vieillard perd son fils : comble du malheur !
(Tradition populaire)

Le peuple est exposé à trois malheurs : avoir de bonnes lois et de mauvais fonctionnaires, avoir de mauvaises lois et de bons fonctionnaires, avoir de mauvaises lois et de mauvais fonctionnaires.
(Yang Zi)

Le vent du Nord rugit !
(Se dit d'une période malheureuse, le nord étant considéré comme une direction néfaste.)
(Tradition populaire)

Il n'est pire image du malheur qu'une famille de huit personnes sans maison.
(Le nombre « huit » symbolise pourtant la chance. Dans ce cas, le malheur est plus fort que la chance.)
(Meng Zi)

Le pire malheur pour un arbre est d'être dépouillé de ses feuilles et de son écorce ; le pire malheur pour la Terre est d'être dépouillée de ses plantes ; le pire malheur pour les hommes, c'est le malheur des arbres et de la Terre.
(Tradition populaire)

On peut se garantir des malheurs envoyés par le Ciel ; pas des malheurs que l'on s'attire soi-même.
(Shu Tai Jia)

Manger (chi)

吃

Même le Fils du Ciel a besoin de manger.
(Tradition populaire)

Confucius mangeait d'abord le millet, ensuite les pêches.
(Le plus utile au commencement ; le plus agréable pour la fin.)
(Han Fei Zi)

Le sage savoure même ce qui n'a pas de saveur.
(Dao De Jing)

Qui veut trop manger ne mâche pas bien.
(Équivalent de notre « Qui trop embrasse mal étreint. »)
(Zuo Chuan)

Aux mets recherchés, le sage préfère les produits de saison.
(Li Fang Ji)

Maquillage (hua zhuang)

化 妆

Le maquillage donne l'image de la paix.
(Fait disparaître les imperfections.)
(Su Cai)

La beauté de Wu Yan excite le dégoût.
(Princesse de l'époque des Royaumes combattants réputée pour ses maquillages outrés.)
(You Xue)

Marchand (shang ren)

商人

Le marchand malhonnête laisse toujours voir le sabot du cheval sous la peau de la licorne.

(Tradition populaire)

Le marchand suspend une tête de mouton devant sa boutique mais vend de la viande de chien.

(Chun Qiu)

Marcher (xing)

行

Qui marche sans chaussures et sans regarder le chemin risque de se blesser.

(Shu Shuo Ming)

Quand on marche, de bonnes chaussures font oublier les pieds ; une bonne ceinture fait oublier les reins.

(Zhuang Zi)

Un pas tranquille vaut une voiture.

(Zhan Guo Ce)

La route est tracée par ceux qui y marchent.

(L'usage crée la forme.)

(Tradition populaire)

Mariage (hun)

婚

Se marier, c'est voir le vieillard sous la lune.

(Le vieillard sous la lune est la divinité du mariage.)

(Li Ming Yan)

Si ce jeune homme obtient la main de cette femme, il lui faudra une maison d'or pour la loger !
(Han Shou)

Se marier, c'est comme devenir frère et sœur.
(Image du statut social au sein de la famille.)
(Tradition populaire)

Une cigogne est sur le barrage.
(Une concubine tient la place de la première épouse.)
(Shi Xiao Ya)

Matin (zao)

早

Le matin, chaque petite feuille a assez de force pour porter une goutte de rosée.
(Tradition populaire)

On doit accueillir avec respect l'apparition du soleil levant.
(Shu Ge Dian)

Médecin (yi sheng)

醫 生

Le bon médecin doit pouvoir discerner ce qu'il faut soigner en premier lieu de ce qui peut attendre.
(Da Xue)

A force d'être malade, on devient bon médecin.
(Tradition populaire)

Les secrets d'un habile médecin sont déposés dans un coffre d'or qui est le médecin lui-même.
(Tradition populaire)

En bougeant simplement la main, le médecin peut faire venir le printemps.
(La venue du printemps symbolise la guérison.)
(Si Da Tu)

MÉMOIRE (JI YI)

記憶

Derrière la porte, Confucius lui-même dicte chaque caractère à l'érudit Fu Sheng qui, sur son lit de mort, les dicte à son fils.
(Se dit à propos de quelqu'un qui possède une mémoire prodigieuse. Juste avant de mourir, Fu Sheng, après la destruction des livres sous les Qin, dicta de mémoire à son fils les classiques confucéens.)

Une bonne mémoire ne vaut pas un pinceau usé.
(La preuve écrite reste supérieure.)
(Tradition populaire)

MENACE (WEI XIE)

威脅

Les arcs rouges sont tendus !
(Assez ! Cela suffit !)
(Shi Da Ya)

Le maître archer tend l'arc mais ne tire pas.
(Il suffit qu'une menace soit précise pour être efficace.)
(Meng Zi)

Un arc ne peut pas être tendu et détendu à la fois.
(La menace ne peut s'accompagner de laxisme.)
(Li Ji)

Mille prières ne valent pas une menace.
(Tradition populaire)

MENSONGE (HUANG HUA)

謊話

La bouche dit « oui », le cœur dit « non ».
(Tradition populaire)

Donner pour vraie une chose que l'on croit fausse, fût-elle vraie, c'est blesser la vérité.
(Yuan Jue Jing)

Un pas, trois mensonges.
(Se dit d'un mythomane.)
(Tradition populaire)

Les jambes du menteur ne le portent pas loin.
(Un menteur est vite confondu par les faits.)
(Tradition populaire)

Mille mensonges ne résistent pas à une vérité.
(Tradition populaire)

MER (HAI)

海

Entre les quatre mers, tous les hommes sont frères.
(Maxime qui, jadis, définissait les rapports des sujets de l'empire chinois dans son ensemble.)
(Tradition populaire)

Les vagues de la mer ont de la mémoire et de l'expérience.
(A propos d'un texte plein de force.)
(Du Fu)

Le Fils du Ciel maintient l'équilibre partout entre les quatre mers.
(Se dit quand on maintient ses ennemis à distance pour les empêcher de nuire.)
(Shu Zhou Guan)

MÈRE (MU)

母

Un jour, on l'appelle : « Maman. » Elle le reste toute sa vie.
(Cao Xue Qin)

Mérite (gong lao)

功勞

Que les hommes d'un talent supérieur occupent les premières places !
(Meng Zi)

Les bienfaits et les malheurs ne touchent pas les hommes au hasard : le Ciel les distribue suivant les mérites.
(Shu Dong You Yi De)

Métaphore (bi jiao)

比較

Faire une métaphore, c'est inviter une idée et la loger dans la chambre d'ami.
(Zuo Chuan)

Métiers (ye)

業

Même les mains vides, le laboureur porte toujours sur lui le soc de sa charrue, l'artisan, sa hache et la femme son aiguille et du fil.
(Bo Qiu Yi)

Ceux qui suivent les mêmes principes s'aiment ; ceux qui exercent le même métier s'envient.
(Guo Yu)

Microcosme (xiao shi jie)

小世界

Si petit soit-il, le moineau possède des entrailles.
(Tradition populaire)

Tout l'univers peut être contenu dans un grain de millet.
(Zhou Si)

MILIEU (ZHONG)

中

La Voie véritable, c'est le Juste Milieu.
(Idéal confucéen de la conduite irréprochable, qui s'écarte également des deux extrêmes.)
(Meng Zi)

Le gouvernement idéal est tempéré : il tient le milieu entre la sévérité et l'indulgence.
(Zuo Chuan)

MINISTRE (XIANG)

相

Le ministre est le gosier et la langue du souverain.
(Shi Da Ya)

MIRACLE (QI)

奇

Hang Zhou Ping avait le pouvoir de commander aux pierres de se changer en brebis.
(A propos de celui qui prend ses désirs pour des réalités.)
(Shen Xian Chuan)

Trois dés, dix-neuf faces.
(Quand l'impossible se réalise.)
(Tradition populaire)

Qui peut attaquer le tigre à mains nues peut traverser le fleuve en marchant.
(Shi Jing)

Misère (qiong ku)

窮苦

Feuilles flétries, feuilles desséchées, le vent souffle sur vous.
(Shi Zheng Feng)

L'or de la tête du lit est épuisé !
(Se dit quand on a épuisé toutes ses réserves.)
(Zhang Heng)

Ceux qui tuent des chiens pour en vendre la viande sont de pauvres gens.
(Shi Ji)

Modération (jie zhi)

節制

Le sage se garde de toute présomption et de toute précipitation.
(Tradition populaire)

Mondanité (fu hua)

浮華

Huit masques différents composent une jolie muselière.
(On peut se fondre dans tous les milieux et s'y faire apprécier à condition de refréner toute expression personnelle.)
(Tradition populaire)

Montagne (shan)

山

Avoir des yeux mais ne pas reconnaître le mont Tai Shan.
(Décrit l'omniprésence de la montagne dans le paysage, si imposante qu'on ne peut jamais en avoir une vue d'ensemble.)
(Xiang Shu)

Impossible de décrire le mont Lu Shan si l'on s'y trouve.
(Paraphrase du précédent appliquée au mont Lu Shan.)
(Tradition populaire)

Les hautes montagnes sont les cordes qui rattachent la Terre au Ciel.
(Li Bo)

Même très épaisse, la neige ne peut pas écraser la montagne.
(Se dit à propos de quelque chose ou de quelqu'un d'invincible.)
(Tradition populaire)

Sans montagnes, pas de plaines.
(Tradition populaire)

Mort (si)

死

A Shanghai, la mort s'empare des gens plus vite que le vent n'arrache les feuilles mortes des arbres.
(Sun Mei Lin)

Un oiseau sur le point de mourir pousse un cri déchirant ; un homme sur le point de mourir parle vrai.
(Confucius)

La mort du cœur est pire que la mort du corps.
(Zhuang Zi)

Connaître la mort, c'est d'abord connaître la vie.
(Confucius)

Comment savoir si, mort, on ne rit pas de l'attachement à la vie ?
(Zhuang Zi)

Un scélérat n'atteint jamais le terme fixé par le Ciel.
(Mais meurt de mort violente.)
(Tradition populaire)

Il n'est fleur si belle qui ne meure.
(Tradition populaire)

La mort arrête toute action ; le vicomte Pinceau restera étendu sur la petite table d'if et le ministre Encre logera sous la fenêtre.
(Mi Fu)

Mot (zi)

字

Les mots ne naissent vraiment que lorsque l'encre quitte les poils du pinceau.
(Si Ma Qian)

Les grands mots sont des déserts de sens.
(Dénonce la « langue de bois » qui sévissait déjà au IVe siècle avant J.-C.)
(Zhuang Zi)

Un seul mot suffit pour compromettre une affaire.
(Da Xue)

Un seul mot peut valoir un trésor.
(La valeur d'un objet sans existence matérielle – comme un mot – peut se comparer à celle du métal précieux.)
(Shi Ji)

Un seul mot, neuf trépieds.
(Bâti sur le même modèle que le précédent. Cette fois, la valeur du « mot » devient sens et pouvoir sacrés : un seul mot peut porter autant de puissance morale que les neuf brûle-parfums tripodes consacrés des souverains.)
(Shi Ji)

Quand on laisse échapper un mot, même un char à quatre chevaux ne pourrait le rattraper.
(Ou Yang Xiu)

Mur (qiang)

墻

Par-dessus le mur d'enceinte, on ne peut voir qu'une partie du temple.
(Se dit d'un sujet dont on n'a qu'une connaissance imparfaite.)
(You Xue)

Quand une famille construit un mur de brique, deux familles en profitent.
(Tradition populaire)

On ne peut arracher la plante parasite sans dégrader le mur ; ses rameaux consolident les pierres.
(S'emploie souvent dans le sens de notre proverbe : « Le mieux est l'ennemi du bien. »)
(Shi Zheng Feng)

Musique (yue)

樂

Rien ne peut mieux réformer les mœurs que la musique.
(Xiao Jing)

Le son de la flûte maintient l'ordre.
(Shi Lu Yang)

Le joueur de flûte sculpte son souffle avec la main.
(Chui Shou)

La musique avive l'appétit des convives.
(Shi Ji)

Les silences et les accords font, ensemble, la beauté de la musique.
(Li Le Ji)

Les échos de la musique s'enroulent autour des piliers.
(Se dit quand on est sous le charme d'un artiste ou d'un orateur.)
(Lie Zi)

N

Naissance (chu sheng)

出生

Des rameaux verts poussent sur un vieux tronc.
(Se dit en manière de compliment à un homme d'âge avancé qui vient d'avoir des enfants.)
(Song Huan)

Nature (zi ran)

自然

Le propre des manifestations de la nature est d'être spontanées.
(Meng Zi)

L'homme s'appuie sur l'herbe et soutient les arbres.
(L'homme ne vit pas seul : il n'est que l'un des éléments qui constituent le cycle naturel.)
(Quan Tan Shi)

Neuf (jiu)

九

Neuf chances de mourir, une seule de vivre.
(Se dit quand on est passé à deux doigts de la mort.)
(Li Sao)

Nez (pi zi)

鼻子

Le nez est la partie du corps la plus âgée.
(On croyait en Chine que le nez se formait en premier chez le fœtus. Se dit quand on doit donner la priorité à ce qui est le plus visible, comme à un aîné.)
(Yang Xiong)

Le Ciel veut que le nez de ces hommes soit coupé.
(Yi King)

Nom (ming)

名

Le nom de l'ouvrier doit être gravé sur tous ses outils.
(Li Yu)

A la fin du troisième mois après sa naissance, le père prend la main droite de son enfant et, imitant son sourire et sa voix, lui donne son nom.
(Li Nei Zi)

Le nom qui peut être prononcé n'est pas le Vrai Nom.
(Dao De Jing)

Nombre (shu)

數

A voix nombreuses, bouches nombreuses !
(Un peuple ou un parti nombreux est une force mais il faut le contenter.)
(Tradition populaire)

Le grand nombre est avantageux en soi.
(Plus il y en aura, mieux cela vaudra.)
(You Xue)

Nouveau (shi wu)

食物

Mieux vaut emprunter les sentiers battus avec des souliers neufs.
(Tradition populaire)

La poule couve un œuf dans un trou du vieux mur.
(Une vie nouvelle naît sur les ruines du passé.)
(Shi Wang Feng)

Qu'on change les os du fœtus !
(Se dit quand on s'apprête à faire du neuf avec du vieux.)
(Chen Shan)

Nuire (sun hai)

損害

Le même procédé ne peut servir à nourrir les hommes et à leur nuire.
(Meng Zi)

Nuit (ye)

夜

A la nuit tombée, le combattant se sert de son arme comme d'un oreiller.
(Tradition populaire)

La nuit, on agit à l'aveuglette et on se tord les pieds dans les chemins.
(Se dit à propos d'un travail bâclé ou d'élucubrations.)
(Zhuang Zi Zhu)

Celui qui s'habille de brocart marche la nuit.
(Le vrai pouvoir est occulte et doit s'entourer de secret.)
(Han Shu)

O

Obéissance (zun)

遵

Le prince aime les sujets obéissants ; il contraint ceux qui refusent d'obéir.
(Sun Zi)

L'empire tout entier obéit à la même loi.
(Zhang Zi)

Le subordonné exécute l'ordre fidèlement, comme l'écho suit le son.
(Yi King)

Le dixième mois s'appelle « mois de l'obéissance terrestre ».
(Huang Li)

Obscénité (yin)

淫

Qui pose les yeux sur des objets obscènes salit son regard.
(Kou Liang Xiu)

Les mouches volent en essaim ; les chiens s'accouplent.
(Se dit à propos d'une personne au comportement obscène.)
(Zhou Li Ren)

Observer (guan)

觀

Dans un endroit nouveau, écarte tes sourcils mais prends tes yeux avec toi.
(Observer avec attention mais sans froncer les sourcils.)
(Tradition populaire)

Œuf (dan)

蛋

Les œufs accumulés les uns sur les autres risquent d'être écrasés.
(Lei Luan Zhi Wei)

Un œuf d'hirondelle peut contenir toute une dynastie.
(D'après la légende, la princesse Qian Di, ayant avalé un œuf d'hirondelle, donna naissance à Xie qui devint le père de la dynastie Shang.)
(Shi Zhou Song)

Offense (mao fan)

冒犯

A la première offense, on répond par un bienfait ; à la seconde, on ne répond rien ; à la troisième, on frappe.
(Lun Yu)

Offrande (ji xian)

祭獻

On fait des offrandes pour remercier Bouddha, pas le moine.
(Tradition populaire)

Importuner les esprits par des offrandes trop fréquentes, c'est leur manquer de respect.
(Shu Shuo Ming)

Tous les esprits viennent goûter les offrandes.
(Qian Han Shu)

Quand on fait une offrande aux esprits, on évite les paroles d'affliction.
(Li Qu Li)

Les esprits n'agréent pas toujours les offrandes.
(Shu Jing)

Oiseau (niao)

鳥

Ils sont petits, faibles, vivent dans l'insouciance et ne font pas de provisions.
(Qian Han Shu)

Un oiseau se reconnaît par son chant et un homme par ce qu'il dit.
(Tradition populaire)

Un oiseau de trois pouces avec un bec de sept pouces.
(Un beau parleur.)
(Tradition populaire)

Pourquoi un moineau ne connaîtrait-il pas les hautes aspirations d'une grue ou d'un cygne ?
(Shi Ji)

Le chant du loriot a trente-deux variations.
(Se dit de quelqu'un capable de rapporter le même fait de nombreuses façons différentes, en brodant.)
(Zheng Zi Tong)

Quand la tête penche, les ailes tombent.
(Comme l'oiseau s'arrête en plein vol pour scruter son environnement, on abandonne toute activité physique quand on réfléchit intensément.)
(Chen Lin)

L'oiseau veut combler l'océan avec des brindilles et des cailloux.
(Se dit à propos d'une tâche désespérée car accomplie avec des moyens dérisoires.)
(Shan Wu Zi)

Le loriot chante ; l'hirondelle danse.
(La situation est favorable.)
(Su Cai)

Le vautour voudrait se transformer en pigeon ramier.
(Dissimuler ses mauvaises intentions sous des dehors affables.)
(Tradition populaire)

Oisif (xian)

閒

Baisser et lever la tête à sa guise, seuls les oisifs ont cette chance.
(Tradition populaire)

Un oisif à tête ronde et noire : le chat.
(Tradition populaire)

Lorsqu'il est l'heure de manger, l'oisif ouvre simplement la bouche.
(Yuan Si)

Ombre (ying)

影

L'arbre renversé ne donne plus d'ombre.
(San Guo Shi)

Même le cheveu le plus fin a une ombre.
(Tradition populaire)

Opiniâtreté (gu zhi)

固 執

Le sage n'est opiniâtre ni dans ses souhaits ni dans ses refus.
(Lun Yu)

Le persécuteur opiniâtre souffle sur les poils pour voir les taches sur la peau.
(Se dit, par exemple, à propos du zèle d'un magistrat ou d'un officier de police.)
(Qian Han Shu)

Opinion (yi jian)

意見

Autant de têtes, autant d'opinions.
(Tradition populaire)

Les opinions des hommes diffèrent entre eux autant que les traits de leurs visages.
(Zuo Chuan)

Opium (ya pian)

雅片

Une tranche d'élégance dans un salon élégant.
(Slogan des fumeries d'opium de Shanghai. « Tranche d'élégance » signifie « opium ».)
(Triades de Shanghai)

Le fumeur d'opium gravit le mont Ma Dang.
(« Ma Dang Shan » est une montagne sacrée taoïste.)
(Tradition populaire)

Opportunisme (ji hui)

機會

L'opportuniste sait se couvrir d'une grande bannière en guise de peau de tigre.
(Lu Xun)

Quand on parle de Cao Cao, Cao Cao arrive !
(Équivalent de notre : « Quand on parle du loup, on en voit la queue. » Cao Cao est l'un des héros du Roman des Trois Royaumes ; il est présenté comme l'archétype de l'homme pressé, cynique et opportuniste.)
(Tradition populaire)

Or (jin)

金

Le sage ne se laisse pas tenter par l'or.
(You Xue)

Oracle (tong shen)

通神

Sans doutes, pas d'oracle.
(Puisque l'oracle sert à dissiper les doutes.)
(Tradition populaire)

C'est quand on est en période de malchance que l'on interroge le Yi King.
(Tradition populaire)

Le soleil et la lune annoncent les malheurs des hommes.
(Annales de Lu)

Oreilles plus pâles que le visage : renom dans tout l'Empire.
(Prédiction faite par un bonze à la naissance du grand lettré Ou Yang Xiu.)
(Tradition populaire)

Peau du visage épaisse : impudence.
(Shi Xiao Ya)

Orateur (jiang)

講

Le phénix chante par sa bouche.
(Se dit à propos d'un grand orateur.)
(You Xue)

Organe (qi guan)

器 官

Le rein droit est le centre de commandement du corps.
(Ming Men)

L'œsophage, les bronches et le bras droit sont des places fortes essentielles.
(You Xue)

Les meubles sont disposés dans les pièces comme les organes dans le corps.
(Proverbe de la région de Su Zhou)

Orgueil (jiao)

驕

L'orgueilleux attribue à ses propres forces les effets de la puissance céleste.
(Zhou Yu)

L'orgueilleux veut tirer vengeance d'un regard.
(Shi Ji)

L'orgueilleux est comme un vase : trop plein, il se renverse.
(You Xue)

L'orgueilleux perce le Ciel avec son nez.
(Port de tête fier et arrogant.)
(Wang Chen)

Outil (gong ju)

工具

Le sage n'est pas un outil : il n'est pas fait pour un seul usage.
(Lun Yu)

Quand le peuple d'un État aux plaines fertiles manque d'outil, il ne mange pas à sa faim.
(Guan Zi)

Outrage (ling ru)

陵辱

Un visage souillé de crachats sèche tout seul.
(Il faut supporter les outrages.)
(You Xue)

P

Paix (an)

安

Ne pas réprimer les mouvements naturels de l'âme, c'est ne jamais connaître la paix.
(Confucius)

Vivre dans la paix, c'est aimer son travail.
(Tradition populaire)

On ne peut laisser inachevée l'œuvre d'un prince pacificateur.
(Shu Da Gao)

Palais (gong)

宫

Le prince est la salle principale du palais et les fonctionnaires les marches d'escalier qui y mènent.
(Gu Yuan)

La sagesse de Confucius est comme un palais entouré d'une enceinte.
(Lun Yu)

Palanquin (jiao)

轎

Le notable qui se fait transporter en palanquin n'est qu'un homme ; celui qui le porte aussi.
(Tradition populaire)

Un prince ne monte pas dans un palanquin aux formes extravagantes.
(Li Qu Li)

Panacée (wan neng yao)

萬能藥

Une seule plante peut guérir mille maladies.
(Tradition populaire)

Une branche de saule chasse toutes les maladies.
(Adage de la secte bouddhiste de la Terre Pure)

Les mille plantes vénéneuses sont les remèdes aux dix mille maladies.
(Ben Cao Gang Mu)

Paradis (tiang tang)

天堂

Le Paradis et l'Enfer, l'homme se les fabrique.
(Deng Yu Bin)

Pardon (yuan liang)

原諒

Contrairement à sa justice, le prince accorde beaucoup son pardon.
(Tradition populaire)

Trop pardonner c'est entretenir le mal.
(Li Ji)

Seul l'imbécile ne sait pas pardonner.
(Tradition populaire)

PARENTS (FU MU QIN)

父母亲

On doit servir ses parents après leur mort comme durant leur vie.
(Kong Si)

A la maison, il est une autorité qu'il faut respecter : celle de ses parents.
(Yi Xia Ren)

A plus de soixante-dix ans, Lao Lai Zi se costumait encore en acteur pour amuser ses vieux parents.
(Exemple d'amour filial.)
(You Xue)

Un coussin à la porte de la maison ; un coussin à l'entrée de la ruelle.
(Les parents attendent le retour de leur enfant.)
(Zan Guo Ce)

PARESSE (LAN DUO)

懶惰

Ceux qui ne craignent pas le manque de récolte deviennent paresseux.
(Shi Ji)

Le sage ne se permet pas un seul jour de laisser-aller.
(Li Biao Ji)

Il n'est pas plus difficile au paresseux de faire péricliter un commerce que de s'arracher un poil.
(Tradition populaire)

Celui qui ne demande jamais : « Que faut-il faire ? » n'a jamais rien à faire.
(Lun Yu)

Parole (hua)

話

Le sage est avare de paroles.
(Yi King)

Les plus belles paroles répétées trois fois ennuieraient même un chien.
(Tradition populaire)

Avant de parler, assure-toi de pouvoir faire ce que tu diras.
(Tradition populaire)

Une fois prononcées, les paroles sont comme des montagnes.
(Tradition populaire)

L'imbécile dit tout ce qui lui vient à la bouche ; il fait grande dépense de paroles.
(Tradition populaire)

Des paroles carrées n'entrent pas dans des oreilles rondes.
(Tradition populaire)

La parole de l'homme vulgaire ne démontre rien : elle irrite les oreilles.
(Tradition populaire)

La parole est la clef qui ouvre les cœurs.
(Tradition populaire)

Parti (dang)

黨

Le sage est bon envers chacun mais ne se laisse pas enfermer dans un parti.
(Lun Yu)

Passé (guo qu)

過去

Le passé éclaire les générations à venir.
(Tradition populaire)

Passion (ji qing)

激情

Il n'est digne de laisser libre cours à aucune des six passions de l'âme.
(A savoir : l'amour, la haine, la joie, la colère, l'affliction et l'allégresse.)
(Tradition populaire)

Les mauvaises herbes obstruent les chemins peu fréquentés comme les passions aveuglent l'esprit.
(Meng Zi)

L'homme vicieux suit toujours ses passions honteuses.
(Shi Da Ya)

L'homme soumis à ses passions est un aveugle qui chevauche un cheval aveugle.
(Tradition populaire)

Ceux qui font de leurs passions des champs à cultiver prennent les sages pour maîtres.
(Li Li Yun)

Patine (gu tong)

古銅

Si l'on examine un objet de bronze avant de l'avoir nettoyé il est difficile de le reconnaître.
(La renommée et les on-dit peuvent dissimuler la vraie nature d'un homme.)
(Han Fei Zi)

Patron (shu)

主

Est-ce qu'on ne sert un patron que pour recevoir de la nourriture ?
(Zuo Chuan)

Quand les patrons sont durs, les employés sont muets ; quand les employés sont muets, les patrons sont sourds.
(Lu Xiang)

Pauvre (pin qiong)

貧 窮

Quand la terre aide la terre, elle forme des murs ; quand le pauvre aide le pauvre, il fait un roi. Cette maison n'a que ses quatre murs.
(Se dit d'une maison très pauvre.)
(Xiang Ru)

Le poisson manque d'eau.
(Se dit d'un homme sans ressource.)
(Zhuang Zi)

Paysage (feng jing)

風 景

On peut faire naître un lac en versant une tasse d'eau dans un trou creusé dans le sol.
(Zhuang Zi)

Peau (pi)

皮

Quand la peau est détruite, où peut-on arracher un poil ?
(Tradition populaire)

L'eau doit envelopper la peau le matin ; la peau doit s'envelopper d'eau le soir.
(Proverbe de la région de Yang Zhou)

Pêche (diao yu)

釣魚

Qui pêche un gros poisson utilise un long fil.
(Pour gagner gros, il faut prendre des risques.)
(Tradition populaire)

Le filet attrape les poissons grâce à ses nœuds.
(Les situations compliquées – les nœuds – profitent à ceux qui les organisent.)
(Tong Shen Ri Li)

A vouloir prendre de trop gros poissons, le filet casse.
(Tradition populaire)

Troubler l'eau pour attraper le poisson.
(Semer le doute dans le camp adverse pour le vaincre.)
(San Shi Liu Ji)

Pensée (si xiang)

思想

Deux pensées, une seule source ; deux idées floues, une seule vérité rayonnante.
(Tradition populaire)

Père (fu)

父

Quand un père ne se comporte pas en père, un fils ne peut pas se comporter en fils.
(Guan Zi)

Un père et un fils se méfiant l'un de l'autre : comble de l'horreur.
(Han Shi)

Le prince doit traiter ses sujets comme ses propres enfants.
(Tradition populaire)

Perle (zhen zhu)

珍珠

La place d'une belle perle brillante est-elle dans l'obscurité d'un coffre ?
(Lun Yu)

Les vapeurs de bon augure coagulent pour former des perles.
(Da Xue)

Persévérance (jian chi)

堅持

Celui qui s'acharne ira toujours au bout de son entreprise.
(Sous-entend aussi que la réussite viendra de l'épuisement de la concurrence.)
(Hou Han Shu)

Même une tortue boiteuse peut parcourir mille lis.
(La persévérance mène à la réussite.)
(Sun Zi)

Personnel (ge ren)

個人

Il n'est jamais bon de pousser les subordonnés méritants à se surestimer.
(Tradition populaire)

Petit (xiao)

小

Vu à travers un tube, le léopard est petit.
(Observer une chose hors de son contexte déforme les perspectives.)
(Pu Shu)

Un caillou minuscule peut casser un grand pot.
(Il suffit d'un détail infime pour fragiliser une entreprise importante.)
(Tradition populaire)

PEU (SHAO)

少

En certains domaines, une petite quantité est signe de distinction.
(Li Li Qi)

PEUPLE (REN MIN)

人民

Le peuple est constitué de trois catégories de personnes : celles qui vivent dans la crainte, celles qui sont écrasées, celles qui sont noyées.
(Li Cao Gong)

La multitude du peuple est le rempart de l'État.
(Shi Da Ya)

Comme le torrent empêché rompt ses digues, le peuple bâillonné se révolte.
(Guo Yu)

Ni levées de terre ni frontières ne peuvent enfermer le peuple.
(Meng Zi)

PEUR (PA)

怕

Pour la sentinelle, le mugissement du vent, le craquètement des grues et le bruissement des feuillages sont autant d'ennemis embusqués.
(Fu Jian)

L'arc pendu au mur se reflète dans la coupe de vin : l'angoissé croit voir un serpent.
(Yue Guang)

L'homme apeuré vit entouré de fantômes comme un aveugle sans bâton.
(Tradition populaire)

Celui qui conduit six chevaux avec des rênes pourris tremble de peur.
(Shu Wu Zi Zhi Ge)

Sans se mettre en colère, il fait plus peur que le sabre du bourreau.
(Zhong Yong)

Entrer dans la mort affranchit de la peur.
(Lao Zi)

Avoir peur, c'est trembler sans avoir froid.
(Shi Ji)

Qui a peur de mourir est comme un enfant qui a perdu son chemin.
(Zhuang Zi)

PIRATE (HAI DAO)

海盜

Les pirates de Hai Nan sont les dragons du Sud : ils se montrent et disparaissent comme par magie.
(Tradition populaire)

Le pirate se sert des cordages qu'il a tressés avec ses crimes.
(Xiang Shu)

PLACE (GUANG CHANG)

廣場

Pas plus qu'il n'empiète pas sur les privilèges de ses supérieurs, le sage n'opprime pas ses inférieurs.
(Meng Zi)

Le sage ne flatte pas les grands ni ne s'attire pas le mépris des petits.
(Yi King)

Se trouver moins bien placé que les mieux placés mais mieux que les moins bien placés est la meilleure des positions.
(Tradition populaire)

Le sage n'est ni fier ni familier : il garde ses distances.
(Tradition populaire)

Plan (ji hua)

計劃

Qui a tracé le plan et fixé les dimensions du Ciel sphérique à neuf étages ?
(Zhou Si Tian Men)

L'homme peut faire des plans ; seul le Ciel peut les accomplir.
(Tradition populaire)

Pluie (yu)

雨

Pendant une grande sécheresse, on espère l'arc-en-ciel.
(Meng Zi)

Au printemps, la pluie est plus précieuse que l'huile.
(Tradition populaire)

Poète (shi ren)

詩人

A chaque fois qu'il tousse, le poète crache des pierres précieuses.
(Li Bai)

Poids (zhong liang)

重量

Le plus lourd fardeau du monde pèse peu quand dix mille bras le soulèvent.
(Tradition populaire)

Poisson (yu)

魚

Celui qui prend le poisson est muni d'un crochet.
(Double sens : le poisson est le produit d'un vol et l'homme muni d'un crochet, un voleur.)
(Tradition populaire)

Politesse (li mao)

禮貌

Nul ne doit cracher, roter, éternuer, tousser ou péter en présence d'un tiers, fût-il un inférieur.
(Li Nei Zi)

Devant plus âgé que soi, on ne change pas le sujet de la conversation.
(Meng Zi)

Qui marche à côté d'un homme plus âgé doit se tenir en retrait.
(Meng Zi)

On ne marche pas sur l'ombre de quelqu'un, fût-il un inférieur.
(Yi Li)

La politesse consiste à unir constamment le fort et le faible.
(Huai Nan Zi)

Ma maison est si petite qu'elle peut à peine contenir vos genoux.
(Formule de politesse qui donne de l'importance à l'interlocuteur.)
(Tao Ci)

Pont (qiao)

橋

La corde tendue d'une rive à l'autre tremble : le voyageur lui confie sa vie.
(Gan Fu Chuan)

La rivière franchie, on brise le pont.
(Yuan Shi)

Porte (men)

門

Une porte fermée en guise de soupe.
(La soupe de bienvenue fait partie des traditions de l'hospitalité auxquelles personne ne peut déroger.)
(Tradition populaire)

Il n'y a pas de seconde porte.
(Il n'y a pas d'autre solution que celle qui s'impose.)
(Wei Mo Jie Jing)

Pouvoir (zheng quan)

政 權

Quand le vent souffle, les herbes s'inclinent.
(Meng Zi)

Le pouvoir est au bout du fusil.
(Ce célèbre mot prononcé durant l'épisode héroïque de la « Longue Marche » peut aussi se traduire par : « De l'intérieur du canon du fusil sort le pouvoir. »)
(Mao Ze Dong)

Le vent souffle ; les nuages se dispersent.
(Image d'un pouvoir fort.)
(Wang Zhan)

Le fort impose sa loi au faible.
(Yi King)

Plusieurs choses font la joie du sage ; le pouvoir n'est pas l'une d'elles.
(Meng Zi)

Précieux (bao)

寶

Les objets venus de loin ne sont pas précieux ; seuls les hommes sages le sont.
(Shu Lü Jiang)

Le « Quatre Précieux » sont le papier, l'encre, le pinceau et l'encrier.
(Ce sont les quatre trésors du lettré.)
(You Xue)

Les « Trois Grands Précieux » protègent les temples.
(Les « Grands Précieux » sont : Bouddha, Dharma – la loi – et Sangha – la société des croyants.)
(Fan Shu)

Prévoir (yu jian)

預見

Qui a tout prévu devient négligent.
(San Shi Liu Ji)

Il faut prévoir le danger tant que l'on est en sécurité.
(Tradition populaire)

Seuls les vents et les nuages sont imprévisibles.
(Tradition populaire)

Prière (qing qiu)

請求

Les prières mal prononcées ne sont pas entendues : les esprits sont durs d'oreille.
(Yu Lu)

Principe (fa ze)

法則

Les vrais principes, comme la boussole, indiquent toujours le sud.
(L'aiguille de la boussole chinoise indique le sud, direction faste.)
(Tradition populaire)

Les mêmes principes servent à gouverner un Empire, une principauté ou un simple domaine.
(Zhong Yong)

Comme on n'enrichit pas un pays d'une seule façon, un seul principe ne suffit pas pour diriger une famille.
(Yan Tie Lun)

Le principe et la règle sont comme le cordeau du charpentier.
(Meng Zi)

Les principes absolus demeurent informulés.
(Zhuang Zi)

Prison (jian yu)

監獄

La prison est le séjour de la félicité car le malheur est l'école de la sagesse.
(You Xue)

Celui qui mange un fossé (qui va en prison) s'élève en connaissance.
(Zuo Chuan)

Procès (su song)

訴訟

La vraie justice se passe de procès.
(Tradition populaire)

Comme un léopard tapi dans son antre, le magistrat siégera aussi longtemps que nécessaire.
(Tradition populaire)

Pas de procès sans mensonges.
(Les tribunaux existent pour corriger le mensonge et le vice.)
(Tradition populaire)

Profit (yi)

益

L'habile commerçant tire profit du danger couru par autrui.
(Tradition populaire)

Ouvrir les vannes du profit, c'est inciter le peuple au crime.
(Yan Tie Lun)

Propriété (suo you quan)

所有權

Le véritable sage blâme l'esprit étroit qui distingue le « mien » du « tien ».
(Tradition populaire)

Qui commence à posséder quelque chose dit : « J'ai amassé un peu. »
(Tradition populaire)

Une propriété peut durer mille ans, pas un propriétaire.
(Tradition populaire)

Prospérité (fan rong)

繁榮

La lumière du Ciel dissout celle du soleil.
(Indique une période de très grande prospérité.)
(You Xue)

Richesses et honneurs dépendent du Ciel.
(Lun Yu)

Cent maisons remplies de provisions : femmes et enfants sont joyeux.
(Shi Jing)

Un vieillard, la bouche pleine de riz, bat le tambour sur son ventre.
(Symbolise le peuple à une époque prospère.)
(Tong Jian)

Protecteur (bao hu zhe)

保護者

Un lettré sans protecteur demeure caché.
(Confucius)

Comme le grand sophora abrite à l'ombre de sa ramure le chétif mûrier, les grands personnages s'entourent d'une cour de protégés.
(Tradition populaire)

Les hommes n'ont qu'un Ciel ; le courtisan en a deux : le Ciel et son protecteur.
(Tong Jian)

Proverbe (yan yu)

諺語

Sur dix proverbes, cinq disent la vérité.
(Tradition populaire)

Les proverbes excitent l'homme à l'action.
(Yi King)

PRUDENCE (XIAO XIN)

小 心

Dans un État qui bafoue la vertu, les gestes sont libres mais la parole mesurée.
(Lun Yu)

La prudence, tel le Ciel, embrasse tout dans sa clairvoyance ; l'action, telle la Terre, obéit à des lois immuables.
(Sun Si Miao)

PUDEUR (MIAN TIAN)

腼 腆

Criblé de dettes, il laisse voir son coude en tirant sur sa veste.
(Pour cacher une autre déchirure.)
(Tradition populaire)

Un bossu ne découvre pas ses épaules.
(Tradition populaire)

PUITS (JING)

井

Bonne ou non, rien ne vaut l'eau du puits de son village pour étancher sa soif après avoir parcouru dix mille lis.
(Tradition populaire)

Quiconque quitte son village natal tourne toujours le dos à son puits.
(Tradition populaire)

Un puits à sec ne fait plus de vagues.
(Se dit d'une personne insensible, au cœur dur.)
(Bai Jiu Yi)

Le grand carré entoure le puits : neuf petits carrés voient le jour.

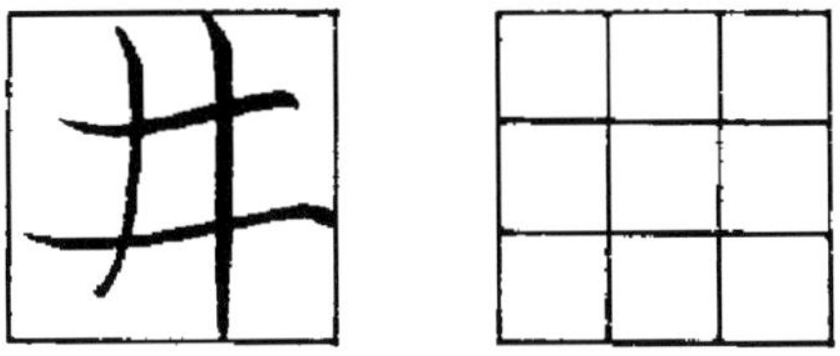

(Allusion à la forme du caractère « jing » – puits. Disposé à l'intérieur d'un carré, il divise ce dernier en neuf petits carrés égaux. Sous la dynastie des Yin, le grand carré était exploité par huit familles. Chaque famille disposait de soixante-dix « mu » de terrain – l'un des petits carrés du puits – et aidait à cultiver le champ commun, c'est-à-dire le carré du milieu.)
(Wo Ji Jing)

Bien imprévoyant celui qui attend d'avoir soif pour creuser un puits, ou d'être frappé par le malheur pour se jeter aux pieds de Bouddha !
(Tradition populaire)

Pureté (chun)

純

Quel homme pur et sans tache consentirait à recevoir tous les déchets du monde ?
(Shi Ji)

Q

Quatre Vertus (si de)

四德

Le seigneur doit agir en seigneur, le vassal en vassal, le père en père et le fils en fils.
(Confucius)

Le moine qui pratique les quatre vertus essentielles suit les quatre voies dans les quatre directions à la fois.
(Tradition bouddhiste)

Querelle (zheng chao)

争吵

Trois bonnes paroles ne valent pas un bon coup de poing.
(Tradition populaire)

On s'insulte en espérant qu'on viendra vous dissuader ; on se bat en espérant qu'on viendra vous séparer.
(Tradition populaire)

L'huître lutte avec le héron, mais c'est le pêcheur qui s'empare de la perle.
(D'après une fable de Han Fei Zi)

Question (wen)

問

Ne pose pas la question si tu ne souhaites pas connaître la réponse.
(Tradition populaire)

Il faut toujours pouvoir répondre à la question : « Ces derniers temps, ai-je été heureux ? »
(Jia Bin)

Comme une cloche que l'on frappe avec un petit ou un gros marteau, le maître répond aux questions en rendant un son tantôt faible tantôt fort.
(Li Xue Ji)

卒

R

Racine (gen)

根

A racines profondes, tige solide.
(Han Fei Zi)

Feuille qui tombe retourne à ses racines.
(Suivant la tradition bouddhique, chaque chose retourne à son principe originel.)
(Tradition populaire)

Rat (shu)

鼠

Qui vise le rat doit prendre garde au vase derrière lequel il se cache.
(Han Shu)

Le rat est dans l'oreille de l'éléphant !
(S'emploie dans le sens : « Le petit est en train de battre le gros ! » Allusion au « Shou Dou Qi », jeu d'enfants très populaire. Sur un échiquier figurant une forêt, les animaux se dévorent entre eux suivant l'ordre hiérarchique : l'éléphant dévore le tigre qui dévore le loup qui dévore la chèvre... et ainsi de suite jusqu'au rat, le plus petit des animaux qui, lui, a la possibilité de tuer l'éléphant en pénétrant dans son oreille.)
(Tradition populaire)

Récompense (jiang shang)

獎賞

Un maître désireux d'être bien servi attire par ses bienfaits et encourage par ses récompenses.
(Tradition populaire)

Comme le châtiment est conforme à la faute, la récompense doit être proportionnée au talent.
(Li Li Tong)

Le prince récompense d'abord les morts puis les vivants.
(Li Qu Li)

Tout acte méritoire rachète la peine et celui qui s'acquiert un grand mérite sera récompensé.
(En Chine, le système pénal prend en charge les peines comme les récompenses.)
(Tradition populaire)

Les récompenses aiguisent les vertus et les talents des hommes comme les pierres affûtent l'acier.
(Lian Shu)

Le sage n'accepte du prince de récompense que méritée.
(Li Hu Hang)

Reflet (fang ying)

反映

Les reflets sur l'eau sont des ombres qui s'effacent.
(Tang Ban)

Regret (yi han)

遺憾

Mourir sans regrets est une richesse inconnue des riches.
(Tradition populaire)

Sur le mont Lu Shan poussaient autrefois de beaux arbres.
(Souvent cité pour marquer le regret du passé.)
(Meng Zi)

L'homme déplore la mort au lieu de penser à la vie et regrette le passé au lieu de se réjouir de l'avenir.
(Xu Gan)

Réincarnation (hua shen)

化身

L'âme, d'incarnation en incarnation, de vie en vie, tourne comme une roue autour de son essieu.
(Lun Hui)

Comme la vie antérieure d'un homme se juge aux biens et aux maux de sa vie présente, ses actes dans la vie présente conditionnent sa prochaine incarnation.
(Shi Deng Feng)

Remède (yao)

藥

Cœur en paix bonifie les remèdes.
(Su Zheng)

A remède efficace, goût amer.
(Tradition populaire)

Ôter un morceau de chair pour guérir une plaie est un remède pire que le mal.
(Tradition populaire)

Ni douleur ni démangeaison : remède inefficace.
(Tradition populaire)

Rempart (cheng)

城置

Meurtri, j'ai dressé autour de mon cœur les remparts d'une ville.
(Zhou Mi)

L'affection du peuple est un excellent rempart pour se protéger du peuple.
(Zhou Yu)

L'acte de soumission est signé sous le rempart.
(Se dit quand le pire a été évité de justesse.)
(Tradition populaire)

Renard (hu)

狐

Au renard mort, on retire la tête.
(Afin qu'il ne puisse revenir en fantôme.)
(Li Ji)

Le renard arpente son Empire avec le tigre.
(Se dit d'un pacte conclu entre deux puissants sur un malentendu. A la vue du tigre, tous les animaux de la forêt prennent peur et s'enfuient, sauf le renard. Voyant cela, le tigre en conclut que c'est le renard qui les effraie et lui prête aussitôt allégeance.)

Renommée (zhu ming)

著名

Son nom est si célèbre qu'on ne peut l'écrire qu'avec du vermillon.
(Tradition populaire)

Le sage est précédé de la renommée de ses vertus.
(Tradition populaire)

Renommée est véhicule de vertu.
(Zuo Chuan)

Célébrité n'est pas toujours popularité.
(Les êtres détestés aussi peuvent être célèbres.)
(Zhuang Zi)

Le succès apporte la renommée.
(Mo Zi)

Réparer (xiu li)

修理

Remettre une machine en état de marche, c'est détacher un homme pendu par les pieds.
(Tradition populaire)

Utiliser de nouveau le corps, c'est remettre l'âme à sa vraie place.
(Se dit quand on utilise un objet après l'avoir réparé.)
(Shi Ji)

Repas (can)

餐

On ne goûte pas deux fois au même plat durant le repas.
(Li Wen Wang Shi Zi)

Ces boissons suffiraient à remplir la rivière Huai et ces viandes à y former une île.
(Se dit d'un repas copieux.)
(Zuo Chuan)

Repentir (hou hui)

後悔

Qui se repend inutilement se mord le nombril.
(Zuo Chuan)

Le daim musqué se mord le nombril après que le chasseur l'a frappé.
(A propos d'un repentir vain ou d'un remords inutile.)
(Zuo Chuan)

Repos (xiu xi)

休息

Ôte ton chapeau, détache ta tunique et renonce, pour aujourd'hui, à l'exercice de la vertu.
(Xia Bao Qi)

A trop se reposer, on perd toute force.
(Li Biao Ji)

Répudiation (qi jue)

棄絕

La favorite en disgrâce habitera dorénavant le « palais froid ».
(Palais situé dans la partie nord de la Cité interdite et réservé aux concubines en défaveur.)
(Édit impérial Qin)

Ancienne épée, ancienne épouse.
(Tradition populaire)

Réputation (ming yu)

名譽

La réputation d'un homme de bien est visible comme cigogne au milieu des poules.
(Tradition populaire)

Personne ne se lasse d'en entendre parler ; personne ne se lasse de le voir rire.
(Lun Yu)

Le léopard mort, il reste sa peau.
(Se dit de quelqu'un qui laissera un nom après sa mort.)
(Tradition populaire)

Avoir plus de mérite que de réputation est louable ; avoir plus de réputation que de mérite est une honte.
(Zhou Zi Tong Shu)

Ne demande pas d'où vient celui qui sent le poisson salé.
(Se dit de quelqu'un qui a de mauvaises fréquentations.)
(Xia Shi)

Respect (zun jing)

尊敬

Respecte les autres pour être respecté.
(Meng Zi)

Le bâton et le fouet : les deux instruments du respect.
(Li Xue Ji)

Il est bon que le souverain inspire une crainte respectueuse.
(Yi Da You)

Retard (chi)

遲

Le juge dit : « Le jour est enregistré ! »
(Le programme du jour est arrêté. Se dit pour signifier qu'il est trop tard.)
(Li Wen Wang Shi Zi)

Refuser les retardataires, c'est manquer de bonté.
(Zhuang Zi)

Les derniers seront placés au-dessus.
(Tradition populaire)

Patrice
SERRES

Retour (hui)

Ce qui vient de vous retournera à vous !
(Menace de rendre la pareille.)
(Meng Zi)

Rêve (meng)

A présent, je ne sais plus si je suis Zhuang Zi rêvant qu'il est un papillon ou un papillon rêvant qu'il est Zhuang Zi.
(Zhuang Zi)

Moi qui parle en ce moment, j'ignore si je suis éveillé ou dans un rêve.
(Variante du précédent.)
(Zhuang Zi)

Le millet n'est pas cuit que le rêve s'achève.
(Allusion à une fable : Lu, un jeune lettré pauvre, rencontre dans une auberge un prêtre taoïste à qui il fait part de ses misères. Le prêtre lui donne un oreiller magique. Le jeune homme s'endort pendant que l'hôtelier prépare un repas de millet. En rêve, Lu connaît la gloire et la richesse mais, à son réveil, le millet fume encore dans la marmite.)
(Shen Ji Ji)

Un sot raconte ses rêves ; toutes sortes de génies malfaisants accourent.
(Tradition populaire)

La vie humaine est un rêve.
(Su Dong Po)

Le vieux chef de guerre rassemble drapeaux et tambours et sombre dans un vieux rêve de gloire.
(Tradition populaire)

Tang rêva qu'il avait atteint le Ciel et qu'il le léchait.
(Action inconvenante qui, heureusement, reste à l'état de fantasme.)
(Hou Han Huang Hou Ji)

Les rêves doivent s'accorder avec les réponses que donne la tortue.
(Shu Jing)

Il serait si bon de se revoir ; ne serait-ce qu'en songe.
(Du Fu)

Si l'on n'arrive plus à rêver, du moins peut-on raconter d'anciens rêves dont on se souvient.
(Zhuang Zi)

Révolte (fan kang)

反抗

Parfois, un homme n'a pas d'autre alternative que d'aller se joindre aux insurgés du Lian Shan Po.
(Être obligé de se rebeller malgré soi. Le Lian Shan Po est un immense lac du Shan Dong qui servit de base à une insurrection paysanne au XIIe siècle.)
(Tradition populaire)

Le marxisme se résume, en dernière analyse, à une seule phrase : « On a raison de se révolter. »
(Mao Ze Dong)

Richesse (cai)

財

Si le prince fait passer les richesses avant le devoir, le peuple deviendra cupide.
(Da Xue)

Pays opulent, pays pauvre.
(La richesse matérielle ne va pas toujours de pair avec la richesse spirituelle.)
(Dao De Jing)

Rire (xiao)

笑

Les gens rient tellement du prince Zhou qu'ils ont froid aux dents.
(Nan Shi)

Un éclat de rire, c'est un chien qui veut mordre.
(Tradition populaire)

La colère vieillit et le rire rajeunit.
(Qian Da Xin)

Risque (feng xian)

風險

Sans se risquer dans la tanière du tigre, comment capturer ses petits ?
(Qui ne risque rien n'a rien.)
(Tradition populaire)

Qui presse la course de ses chevaux s'expose à écraser les passants.
(Li Qu Li Zhu)

Rivaliser (jing zheng)

競争

Ne rivalisant avec personne, personne ne peut rivaliser avec moi.
(Lao Zi)

Riz (fan)

飯

Ko Xiang Hong rejetait du riz par la bouche qui, aussitôt, se changeait en abeilles.
(A propos de paroles perfides.)
(You Xue)

Dans la marmite du temple de la « Source des Dragons », il y a autant de riz que de convives.
(Se dit de quelque chose d'inépuisable comme la marmite miraculeuse qui nourrit la ville de Pékin au moment de sa construction.)
(Liu Bo Wen)

Roue (che lun)

車輪

Quand les roues des chariots sont trop basses, les chevaux se fatiguent.
(Tradition populaire)

La Terre tourne autour du Soleil comme la roue du char autour de son essieu.
(Empereur Qian Long)

Une vieille roue qui tourne encore a été travaillée solidement !
(A propos d'objets anciens encore en état de marche dont on admire la conception.)
(Zhou Li)

Ruine (hui)

毀

Un seul homme peut ruiner une famille, une seule famille peut ruiner cent familles, cent familles peuvent ruiner les princes ; les princes doivent empêcher la ruine de l'État.
(Tradition populaire)

Ruse (jia)

狡

Faire grand bruit à l'Est pour attaquer à l'Ouest.
(San Shi Liu Ji)

Tant qu'il était vivant, on était capable de déjouer ses ruses, mais maintenant qu'il est mort...

(Propos attribué à Si Ma Yi après la mort de Zhu Ge Liang dans le Roman des Trois Royaumes)

La guerre ne répugne à aucune ruse.

(Sun Zi)

Il n'y a qu'une seule mauvaise ruse : celle que déjoue l'adversaire.

(Wen Qiao)

S

Sac (bao)

包

Un objet pointu finit toujours par trouer le sac dans lequel il est caché.
(Un génie finit toujours par se révéler.)
(Zuo Chuan)

Le contenu d'un sac fermé ne reçoit ni blâme ni éloge.
(Le sac fermé symbolise le lettré préférant sa vie privée à un poste officiel.)
(Yi King)

Sage (ting hua)

聽 話

Le sage évite de faire à autrui ce qu'il ne voudrait pas qu'on lui fasse.
(Mo Zi)

Trois jours après l'avoir vu, il faut se frotter les yeux pour reconnaître le sage tant il a progressé en vertu.
(San Guo Shi)

Les aspirations et les sentiments du sage s'étendent naturellement à tout l'univers.
(Tradition populaire)

Comme l'eau étale reflète les choses, l'esprit tranquille du sage est le miroir de l'univers.
(Zhuang Zi)

Pour le sage, rien de plus apparent que ce qui est caché, rien de plus manifeste que ce qui est subtil.
(Kong Si)

Patienter cent générations n'est pas long si l'on attend un grand sage.
(Kong Si)

Le sage a la vertu pour coiffure et la bienfaisance pour souliers.
(Han Fei Zi)

Un sage ne se permet ni un froncement de sourcil ni un sourire sans raison.
(Tong Jian)

Le Ciel agit avec fermeté et constance ; le sage s'efforce de suivre son exemple.
(Shu Zhou Guan)

SAGESSE (ZHI HUI)

智 慧

Mieux vaut pratiquer la sagesse que l'aimer mais mieux vaut l'aimer qu'en avoir seulement connaissance.
(Lun Yu)

Ils disent : « Je suis sage » mais leurs actes attentent à la sagesse.
(Confucius)

SALUER (NIN HAO)

您 好

Un homme cuirassé ne fléchit pas les genoux pour saluer.
(San Guo Che)

Qui veut saluer doit quitter sa place.
(Li Qu Li)

Les montagnes inclinent la cime.
(Se dit en manière de salut à propos de quelqu'un ou de quelque chose d'admirable.)
(Tradition populaire)

SANG (XUE)

血

Le jeune homme ne fait pas couler le sang d'un agneau.
(Paraphrase du Yi King)

SANTÉ (JIAN KANG)

健康

Rejeter ce qui est altéré et absorber ce qui est neuf pour conforter la santé.
(Li Che Zhen)

On doit donner à sa santé les soins que la saison réclame.
(Tradition populaire)

SAPÈQUE (TONG XIAN)

銅錢

Le cupide regarde le monde à travers le trou carré des sapèques.
(Ancienne petite monnaie de bronze percée d'un trou carré.)
(Tradition populaire)

Une sapèque est un frère au trou carré.
(« Sapèque » se dit aussi « Xiong », qui signifie « frère aîné ».)
(Tradition populaire)

Celui qui enfile les sapèques une par une ne les lâche plus et devient riche.
(Tradition populaire)

On appelle « xiong », les sapèques parce qu'on les aime comme des frères aînés !
(Tradition populaire)

Une sapèque perdue annonce une grande richesse !
(Tradition populaire)

Donner une sapèque à un mendiant n'appauvrit pas.
(Xia Bao Qi)

Savoir (xiao)

曉

Le vrai sage dit : « Mon horizon est borné et mon savoir superficiel. »
(Tradition populaire)

Savoir que le savoir ne peut pas savoir demeure le plus haut savoir.
(Zhuang Zi)

Mieux vaut voir une chose une seule fois qu'en entendre parler cent fois.
(Tradition populaire)

La vie de l'homme est limitée : son savoir illimité conduit à l'épuisement des forces.
(Zhuang Zi)

Savoir-Faire (neng gan)

能 幹

Celui qui s'agite ne sait pas faire ; celui qui sait faire ne s'agite pas.
(Feng Meng Long)

SCULPTURE (DIAO KE)

雕刻

Niu Gua s'amusa à modeler de la terre jaune ; c'est ainsi qu'elle sculpta le premier homme destiné à vivre sur terre.
(Niu Gua est la sœur de l'empereur mythique Fu Xi, inventeur du principe divinatoire du Yi King. Souvent cité pour rappeler l'origine commune, donc l'égalité entre les hommes.)
(Shi Ji)

SECOURS (ZHU)

助

Le coq qui chante appelle le Ciel à son secours ; l'âne qui brait appelle la Terre à son secours.
(Tradition populaire)

L'auguste Ciel secourt fidèlement les peuples ici-bas.
(Shu Yang Gao)

Le petit poisson, dans son trou, ne peut pas attendre l'eau du fleuve Bleu.
(Quand quelqu'un se trouve dans une nécessité extrême, il ne peut attendre qu'on aille chercher des secours au loin.)
(You Xue)

Dans la détresse, l'homme se tourne vers les deux principes de son être : le Ciel et ses parents.
(Shi Ji)

SECRET (YIN)

蔭

Ce qui ne sort pas des lèvres, n'apparaît pas à l'extérieur et, tantôt dragon, tantôt serpent, change cinq fois en un jour.
(A propos d'un aveu impossible à formuler.)
(Guan Zi)

Le ministre qui ébruite les affaires de l'État se perd lui-même.
(Yi King)

Une affaire délicate qui n'est pas tenue secrète n'arrive pas à bonne fin.
(Yi Yu Ci)

La clef de jade ouvre le cadenas d'or.
(Signifie que l'on détient un secret.)
(Huang Ting Jing)

Un secret est comme une eau parfumée dans une fiole : si la fiole n'est pas bien scellée, le parfum s'évapore.
(Shi Zai Feng)

Le montreur d'ombres ne doit jamais crever l'écran.
(Les secrets du métier ne doivent pas être révélés.)
(Tradition populaire)

SEL (YAN)

鹽

Saumâtre le matin, trop salé le soir.
(Se dit d'une situation désagréable créée par un gaspilleur autoritaire – l'impôt sur le sel, à l'instar de notre gabelle, était très lourd.)
(Han Yu)

SENS (YI YI)

意 義

Les cinq qui souillent le cœur : la vue, l'ouïe, l'odorat, le goût et l'intelligence.
(Zhou Shu)

L'homme perçoit le monde par les cinq ouvertures de l'esprit : la vue, l'ouïe, l'odorat, le goût et l'intelligence.
(On notera l'absence du toucher.)
(You Xue)

Les sens de l'ouïe, de la vue, du goût et de l'odorat ne pensent pas ; seule l'intelligence pense, discerne, choisit et commande.
(Meng Zi)

Sensibilité (guan jue)

感覺

L'esprit concentré sur une chose stimule la sensibilité ; la sensibilité concentrée sur une chose trouble l'esprit.
(Meng Zi)

Séparation (li)

離

Comment réunir les deux parties d'un miroir brisé ?
(A propos de deux époux séparés.)
(Wu Jie)

Serpent (she)

蛇

Le serpent du mont Chang Shan frappe de la queue quand on attaque sa tête, de la tête quand on attaque sa queue et des deux quand on attaque son ventre.
(Sun Zi)

Qui frappe l'herbe réveille le serpent.
(San Shi Liu Ji)

Servir (fu mu)

蛇

Il faut vivre pour servir et non pour conquérir.
(Cette maxime est devenue, entre 1929-1936, la devise officielle du Guo Min Dang.)
(Docteur Sun Zhong Shan, premier président de la République chinoise en 1911)

Serviteur (pu ren)

僕人

Un bon serviteur est assidu comme un canard.
(Le canard domestique, qui ne s'envole jamais, symbolise le travail assidu.)
(Zhou Li)

Tel le chien servile, le serviteur obéissant baisse la tête et prête l'oreille.
(Han Shu)

Les bienheureux sont servis ; les malheureux servent.
(Tradition populaire)

Seul (wei yi)

唯一

Un homme seul qui n'a plus rien à perdre, suffit à en terrifier mille.
(Wu Qi)

Celui qui est seul à vouloir une chose parvient difficilement à ses fins.
(You Xue)

Le vent fermera sa porte et effacera les traces des chars sur son seuil.
(Se dit de quelqu'un qui s'isole du monde extérieur.)
(Jiang Yang)

Sexe (xing)

性

Les personnes de sexes différents ne vont pas tirer de l'eau au même puits.
(Li Bing)

Là où les deux sexes ne sont pas séparés, le désordre s'introduit.
(Li Rong Ji)

Lorsque le sexe de l'homme durcit, son cerveau ramollit.
(Maréchal Shu de)

Silence (chen mo)

沈默

Le cheval est attaché au palais ; le grillon est gelé.
(Quand on n'ose pas dire mot.)
(Jiu Tang Shu)

L'homme satisfait peut passer une journée sans parler.
(Sun Zi)

Sincère (shi)

實

Un prince intelligent ne hait pas un langage sincère.
(Hou Han Shu)

Dans quelle retraite se cache la sincérité du langage ?
(Zhuang Zi)

Une parole sincère n'est jamais tournée avec élégance.
(Lao Zi)

Six (liu)

六

Les « Six » réunis forment tout l'Univers.
(Le Ciel, la Terre et les quatre points cardinaux.)
(Adage Feng Shui)

Six trésors font le bonheur du lettré : une collection de mille ouvrages antiques, une bibliothèque de dix mille volumes modernes, un « qin », un jeu d'échec, un pot de vin et une grue qui vole.
(Wu Yang Siu)

Soie (chou)

綢

Qui vend sa nouvelle soie dès le deuxième mois de l'année se prive de ressources pour l'avenir.
(Da Xue)

A vêtements de belle soie, homme riche.
(Da Xue)

Soif (ke)

渴

J'ai de la poussière dans la bouche.
(Se dit quand on éprouve un vif désir de voir quelqu'un.)
(You Xue)

L'assoiffé boirait même du poison.
(Hou Han Shu)

Solide (qiang zhuang)

强 壯

Une baguette est facile à casser, dix baguettes sont dures comme fer.
(Équivalent de notre : « L'union fait la force. »)
(Tradition populaire)

Souffle (gu feng)

鼓風

Le souffle des uns réchauffe, celui des autres refroidit.
(Lao Zi)

Souhaits (ru yi shi)

如意事

Il y a neuf manières de faire un souhait : comme une montagne, comme un col escarpé, comme un plateau, comme une colline, comme un fleuve à son embouchure, comme la lune montante, comme le soleil qui s'élève, comme l'âge de la Montagne du Sud, comme le feuillage toujours vert du pin ou du cyprès.
(Shi Xiao Ya)

Soutien (zhi chi)

支持

Un seul pilier ne peut soutenir toute la maison.
(Un seul individu ne peut subvenir aux besoins de toute une famille.)
(Wang Tong)

Un pilier soutient le Ciel.
(Se dit à propos d'un grand homme. A rapprocher du précédent.)
(Tang Da Zhao Ling Ji)

Niu Gua coupa les pattes de la Grande Tortue et en fit les piliers qui soutiennent les quatre coins de la Terre.
(Niu Gua est la sœur de l'empereur mythique Fu Xi. Les quatre piliers correspondent aux quatre points cardinaux.)
(Shi Ji)

Stimuler (ci ji)

刺激

Une parole suffit à stimuler l'homme supérieur comme un coup de fouet suffit à stimuler le coursier.
(Tradition populaire)

Style (we, ti)

文體

Quand le fond est plus riche que la forme, le style est inculte.
(Yang Zi)

Succès (cheng ji)

成績

Le succès garantit la renommée.
(Mo Zi)

Sitôt le succès remporté, il faut se retirer.
(Lao Zi)

Succession (lian xu)

連續

Le prince n'est libre de désigner un successeur que lorsque le royaume est prospère.
(Tradition populaire)

A l'ancien succède le nouveau, au présent succède le futur.
(Tradition populaire)

Suffisant (gou)

夠

Qui sait se satisfaire ne connaîtra jamais la honte.
(Han Shu)

Comme l'estomac du peuple, le cœur des grands doit se contenter du strict nécessaire.
(Zuo Chuan)

Un « qin » et une grue (suffisent au bonheur d'un lettré).
(Shi Ji)

Suicide (zi sha)

自殺

Il est préférable de se tuer de ses propres mains qu'être tué par un autre.
(Shi Ji)

Supporter (ren shou)

忍受

Un chef d'État doit pouvoir supporter des choses répugnantes.
(Zuo Chuan)

T

Tabac (yan)

烟

La fumée est un ciel d'orage et la toux du fumeur le tonnerre.
(Lu Xun)

Talent (cai neng)

才 能

Ce n'est pas la pénurie d'hommes capables qu'il faut blâmer, seulement le talent inemployé.
(Han Shu)

On n'utilise pas une pièce de bois précieux pour tailler des cure-dents.
(Se dit pour refuser un emploi que l'on juge indigne de soi.)
(Tradition populaire)

Le talent qui se révèle apparaît comme des cornes sur la tête.
(Han Yu)

On a oublié une perle dans la mer !
(A propos d'un talent caché, d'un génie méconnu.)
(Xin Tang Shu)

L'homme de talent s'appuie sur son cheval pour rédiger un rapport.
(Se dit d'un écrivain très rapide.)
(Shi Shuo Xin Yu)

Qui déploie ses talents rend service à toute la société.
(You Xue)

On entend maître Lu Ban faire siffler sa hache.
(S'emploie pour saluer une prouesse technique, une habileté impressionnante.)
(Zhuang Zi)

A quoi bon le talent de Lu Ban et le bois de charpente si on ne construit pas de palais ?
(Guan Zi)

Talisman (hu fu)

護 符

Qui porte toujours un crochet sur lui s'assure la protection des esprits bienfaisants des rois des dragons.
(Le crochet symbolise le vol et les actions délictueuses.)
(Proverbe de la région de Canton)

Une sapèque autour du cou protège des revers de fortune.
(Tradition populaire)

Témoin (zheng ren)

證 人

A la Porte du Pont, on regarde et on écoute.
(Se dit quand on est témoin d'une chose impressionnante ou terrifiante. Dans la Cité interdite, la Porte du Pont est l'endroit d'où l'on peut voir ce qui est en deçà du pont ; c'est-à-dire la puissance effective de la « face du dragon » – l'empereur.)
(Tong Jian)

Temps (shi jian)

時 間

Une unité de temps vaut mille unités d'or.
(Équivalent de notre « Le temps, c'est de l'argent. »)
(Shi Ji)

A peine a-t-on le temps de voir l'étalon blanc franchir une crevasse.
(Se dit à propos du temps qui passe trop vite.)
(Zhuang Zi)

Terre (tu)

土

On donne à la Terre, souveraine de tous les êtres, le titre de « Hou ».
(Reine, impératrice, seconde après l'empereur.)
(Li Qu Li)

En hiver, la Terre est triste comme un homme qui a perdu son ami.
(Zhuang Zi)

Thé (cha)

茶

Sous le jet d'eau bouillante, le dragon se déploie.
(Fait allusion à la préparation du thé à partir de pains compacts appelés « boules de dragon ».)
(You Xue)

Tigre (hu)

虎

Qui pratique la boxe des « Poings de Justice » devient un tigre dont personne n'ose toucher le cul.
(Slogan boxer)

Qui monte sur le dos d'un tigre n'en descend pas aisément.
(Adage des moines guerriers du temple de Shao Lin, berceau des arts martiaux.)

Quand Wou Tao Tseu peignait un tigre, il ne s'inspirait pas d'un chat.
(Wou Tao Tseu est considéré comme le plus grand peintre chinois.)
(Mi Fou)

Le sage peut marcher sur la queue d'un tigre sans être mordu.
(Yi Yan Gua)

La toux, c'est le rugissement du tigre fou de rage d'être prisonnier d'une gorge embarrassée.
(Tradition populaire)

Le fou croit qu'il obtiendra la protection du tigre !
(Pactiser avec l'ennemi est illusoire.)
(Yang Guo Zhi)

Toit (ding)

頂

Le temps écoulé depuis l'Antiquité est le faîte du toit ; l'espace compris entre le Ciel et la Terre forme les bords du toit ; l'univers tout entier est recouvert d'un toit.
(Huai Nan Zi)

Les versants d'un toit s'étendent comme les ailes d'un oiseau.
(Tradition populaire)

Les quatre bords du toit sont les quatre extrémités d'un pays.
(Confucius)

L'empire du Ciel pose un toit sur toute la Terre.
(Shi Ji)

Tombeau (mu xue)

墓穴

Tout ce que l'on place dans la fosse avec le défunt doit être sans défaut.
(Li Qu Li)

Ensevelir un mort, c'est soustraire un cadavre aux vautours pour mieux le livrer aux fourmis.
(Zhuang Zi)

La pierre tombale dit : « Je fais couler les larmes. »
(You Xue)

TOMBER (DIE)

跌

Celui qui tombe doit trouver un point d'appui.
(Yi Xiu Gua)

On évite le fossé et on tombe dans le puits.
(De Charybde en Scylla.)
(Pu Shu)

TORTUE (GUI)

龜

La tortue annonce indifféremment les événements heureux et malheureux.
(On interrogeait l'oracle de la tortue en brûlant la carapace de l'animal et en observant les craquelures ainsi obtenues.)
(Guo Yu)

Le sage obtient des réponses favorables des tortues.
(Shu Da Jie)

Un grand préfet, interrogeant la tortue sur le choix de la sépulture d'un parent, connut le jour de sa propre mort.
(Le préfet Yao Xiao Lu mourut en interrogeant l'oracle.)
(Li Ya Ji)

Le devin observe trois sortes de fissures sur l'écaille de tortue : les fêlures du jade, les fentes des poteries et les crevasses d'un terrain.
(Zhou Li)

Trahir (bei pan)

背叛

Qui veut trahir enveloppe son cœur mauvais.
(Nourrit de noirs desseins.)
(Zuo Chuan)

Trancher (pou)

剖

Ne perds pas de temps à démêler l'écheveau de jute : tranche-le d'un coup d'épée.
(Tradition populaire)

Transformation (gai bian)

改變

Comment celui qui ne participe pas à la transformation universelle pourrait-il transformer les autres hommes ?
(Zhuang Zi)

Travail (gong)

工

Toute l'activité humaine tient en deux mots : travail et économie.
(Tradition populaire)

Les époux traînent une petite charrette.
(Se dit de deux époux qui travaillent ensemble.)
(Hou Han Shu)

Abattre le travail d'un cheval et d'un buffle.
(Tradition populaire)

Tout homme doit pouvoir connaître la fin de ce qu'il entreprend. C'est pourquoi on tient toujours prête, pour un homme de soixante ans, une tâche qui demande trois ans de travail ; pour un homme de soixante-dix ans, une tâche de trois mois de travail ; pour un vieillard de quatre-vingt-dix ans, une tâche de trois jours de travail.
(Li Wang Zi)

TREMBLER (FA DOU)

發抖

Mettre un pied au bord d'un gouffre fait trembler ; marcher sur un lac gelé fait trembler ; avoir peur fait trembler.
(Tradition populaire)

TRIBUNAL (FA YUAN)

法院

La « Glorieuse Pierre Veinée » excite le repentir dans le cœur des hommes vicieux.
(Dans l'Antiquité, on dressait une grande pierre veinée devant l'entrée des tribunaux afin que le dessin régulier de ses veinules, symbolisant l'harmonie naturelle, inspire la vertu aux justiciables.)
(Zhou Li)

TRISTESSE (BEI SHANG)

悲傷

La tristesse survient quand la joie est à son comble.
(Yi King)

La tristesse émeut les sages comme les imbéciles.
(Fan Xiu Bo)

Trois (san)

三

Trois hommes font une compagnie, trois femmes une société, trois quadrupèdes un troupeau.
(Tradition populaire)

Les « Trois immortels » apportent le bonheur : le premier la longévité et la fécondité ; le second la richesse et les honneurs ; le troisième la paix et la santé.
(Tradition populaire)

Tromper (qi pian)

欺騙

Tromper l'ennemi avec méthode, avec ses méthodes, à travers sa sincérité, son avidité, en se servant de sa bêtise, de sa subtilité : rien n'est plus important.
(Yin Bing Shang)

Tromper vraiment consiste d'abord à tromper puis à cesser de tromper.
(San Shi Liu Ji)

Tromper, c'est faire prendre une ombre pour la réalité. Mais toute illusion est éphémère ; aussi ne faut-il pas trop longtemps en jouer.
(San Shi Liu Ji)

Tu me dupes ; je te trompe !
(S'emploie dans le sens de : « C'est de bonne guerre ! »)
(Zuo Chuan)

Trône (jun quan)

君權

Ce qu'un sage souverain a de plus précieux, c'est son trône.
(Yi King)

Trou (kong)

孔

Niu Gua fondit un mélange de cailloux multicolores pour boucher le trou du Ciel.
(Niu Gua, sœur de Fu Xi, est née sur le mont Niu Gua Shan. C'est le sommet de cette haute montagne qui provoqua l'accroc dans la voûte céleste et c'est de cet endroit que la déesse raccommoda le Ciel.)
(Shi Ji)

Un radis arraché, il restera un trou.
(Toute action laisse une trace.)
(Tradition populaire)

Tyran (zhuan)

專

Le tyran voit le pays voisin comme un fossé.
(Se dit de quelqu'un qui fait supporter aux autres ses propres difficultés pour ne conserver que les avantages.)
(Meng Zi)

Le tyran brime le peuple pour subvenir à ses propres dépenses.
(Meng Zi)

Un gouvernement tyrannique écrase la moelle des os du peuple.
(Han Yu)

Le tyran suce la moelle des os du peuple.
(Dans la même veine que le précédent.)
(You Xue)

Les loups et les chacals sont au milieu de la route.
(Se dit à propos d'une clique qui s'est emparée du pouvoir et tyrannise le peuple.)
(Han Shu)

U

Un (yi)

一

Le Fils du Ciel dit : « Moi qui suis le premier, je ne suis qu'un homme. »
(Contraction de : « Le Fils du Ciel (souverain) dit : "Moi qui suis le seul (« un », « premier ») homme associé à l'œuvre du ciel et chargé de commander à tout l'empire, je ne suis qu'un (unité) homme parmi les hommes." »)
(Li Qu Li)

Il est impossible d'être avant le premier.
(Tradition populaire)

Le principe réside dans l'énergie et l'énergie est le principe ; l'énergie réside dans le vide et le vide est l'énergie ; tout n'est qu'un, l'absolu n'est pas dualité.
(Wang Fu Zhi)

Usage (yong)

用

Qui aiguise chaque jour ses outils sur une meule de grès ne la voit pas s'user jusqu'à ce qu'il ne puisse plus s'en servir.
(Annales des Han)

Utile (you yong)

有用

Le Fils du Ciel dit : « Je désire être utile à mon peuple, de quelque manière que ce soit ! »

(Shu Yi)

V

Vagabond (piao bo)

漂泊

Nul espace ne peut contenir le vagabond.
(Yi Xiu Gua Chuan)

Le vagabond a le Ciel pour tente et la Terre pour natte ; partout il va, au gré de sa volonté.
(Liu Ling Sa De Song)

Vaincre (zhan sheng)

戰勝

Se vaincre soi-même et résister à ses propres inclinations, c'est s'efforcer d'acquérir la vertu.
(Meng Zi)

Valeur (jia shi)

價值

Un balai usé peut être un trésor pour soi-même.
(Se dit à propos d'une chose qui n'a de valeur que personnelle.)
(Cao Pei)

Vantardise (kua shi)

誇獎

Kua Fu le vantard poursuit le soleil.
(Se dit lorsque quelqu'un se lance dans une entreprise impossible.)
(You Xue)

On ne manie pas la hache devant la porte de maître Lu Ban.
(On n'étale pas son maigre savoir devant un maître éminent.)
(Zhuang Zi)

Les paroles du vantard sont comme ses mains : ouvertes avec les doigts écartés.
(Stigmatise l'emphase et l'exagération du discours.)
(Tradition populaire)

Vent (feng)

風

Le vent est doux comme un souffle sortant de la bouche d'un homme.
(Wang Chong Lun Ji)

Le miséreux unit les vents de l'Ouest et du Nord dans sa maison.
(Se dit de quelqu'un qui vit de l'air du temps.)
(Tradition populaire)

Ver à soie (qu)

蛆

Les vers à soie font du fil et les crabes des boîtes pour le ranger.
(Li Cao Gong)

Le ver à soie se croit à l'abri dans le cocon qu'il a filé lui-même.
(Tradition populaire)

Les esprits sont comme le ver à soie : leur corps est nu et ils changent souvent de forme.
(Zhuang Zi)

Verdict (cai jue)

裁决

La peur s'installe quand le tambour bat la fin d'audience.
(La lecture du jugement est précédée d'un roulement de tambour.)
(Tradition populaire)

Vérité (di)

的

La vérité a dix mille visages.
(Tradition populaire)

Celui qui n'entend pas les deux parties ne peut connaître la vérité.
(Tradition populaire)

Dire la vérité, c'est cheminer dans une rue tortueuse en faisant mille détours.
(Tradition populaire)

La vérité fend le métal et la pierre.
(Dire la vérité émeut le cœur des juges.)
(Ge Hong)

Mille mensonges ne résistent pas à une vérité.
(« Qian Xu bu di yi shi »)
(Tradition populaire)

Vertu (de)

德

Les cinq vertus forment un cercle ; que l'une d'elles devienne ostentatoire, le cercle devient carré.
(Les cinq vertus sont l'éloquence, le talent littéraire, la compassion, la pureté, le courage. Poussée à l'excès, l'une de ces vertus se retrouve au centre : le cercle devient donc carré.)
(Zhuang Zi)

L'homme de vertu est comme une place forte imprenable : remparts de bronze et douves remplies d'eau bouillante.
(You Xue)

La vertu est la demeure du sage, le devoir, sa voie, la politesse, son vêtement, la prudence, son flambeau et la sincérité son sceau.
(Meng Zi)

La vertu ne tient sa noblesse de personne sinon d'elle-même.
(Lao Zi)

L'éclat puissant d'une parfaite vertu fait les saisons tempérées.
(Li Le Ji)

Chaque jour, le sage déploiera trois vertus.
(Se dit quand on accomplit une action désintéressée.)
(Shu Jing)

En parlant de lui-même, un prince s'appelle : « Petit homme dépourvu de vertu. »
(Li Tan Gong Zhu)

Les soucis et les préoccupations extérieures ne trouvent pas de place dans un cœur empli de vertu.
(Zhou Zi)

VEUVE (GUA JU)

寡居

Les tiges et les gerbes épargnées par la moisson font la joie des veuves.
(Shi Jing)

La veuve prend un couteau et se coupe le nez.
(Se dit d'une femme qui préfère se défigurer plutôt que d'être obligée de se remarier.)
(You Xue)

On doit écarter les ragots si l'on veut voir la maison de la veuve.
(Tradition populaire)

Viande (rou)

肉

Revenant de la chasse, le Fils du Ciel se dénude le bras gauche et découpe la viande des animaux.
(Li Rong Ji)

On ne demande pas à un enfant de découper la viande.
(Zuo Chuan)

Vice (e)

恶

Ministre de mauvais souverain devient vicieux comme lui.
(Shu Da Xu)

Qui aime les ténèbres vit sans ciel ni soleil.
(Se dit d'un individu habité par l'esprit du mal, ne vivant que dans le trouble et le vice.)
(Pu Shu)

Vide (kong)

空

Éviter le plein, occuper le vide.
(Lao Zi)

Le sage doit vider son cœur comme on vide une pièce de bois pour en faire un canot.
(Zhuang Zi)

La forme est vide, le vide est forme.
(Lie Tzeu)

C'est parce qu'il est vide que le tambour propage les sons ; c'est parce qu'il est vide que le miroir renvoie les images.
(Ni l'un ni l'autre ne cherchent à posséder.)
(Wang Tong)

La lumière pénètre dans le vide de l'esprit comme le paysage par la fenêtre d'une pièce vide.
(Zhuang Zi)

Un cœur vide s'emplit de vertu en suivant le Dao.
(Dao De Jing)

Vie (sheng ming)

生

Notre vie ne nous appartient pas ; le Ciel et la Terre nous l'ont laissée en dépôt et nous devons la préserver.
(Zhuang Zi)

La vie est mouvement et repos.
(Niu Yang Xu)

命

Vieillard (lao ren)

老人

Il est si vieux qu'on ne saurait dire s'il est encore vivant.
(Zhou Da)

Un vieillard est un dragon affectueux.
(Tradition populaire)

Le vieillard perd la vue aux funérailles de son fils.
(Li Tan Gong)

Entre tous les hommes, préférez les vieillards ; entre toutes les choses, préférez les neuves.
(Shu Jing)

Ville (capitale) (jing)

京

Habiter la capitale, c'est n'être qu'un poil parmi ceux de neuf buffles.
(Tradition populaire)

Dans les grandes villes, un pas mène au gouffre du dragon, l'autre à la tanière du tigre.
(Tchang Kaï-Chek)

L'étendue de la capitale ne doit pas dépasser la surface déterminée par ses fondateurs.
(Shu Zhong)

En entrant dans la capitale, on retient ses chevaux.
(Li Qu Li)

Jadis, on établissait la capitale au centre de la Terre.
(Shi Xiao Ya)

La route qui mène à la capitale est longue et sinueuse.
(Confucius)

Le roi du Ciel réside dans sa capitale, la ville aux neuf étages.
(Huai Nan Zi)

Vin (tao jiu)

萄酒

Une coupe de vin trop pleine peut toujours se renverser, se vider ou se boire.
(You Xue)

Servir du vin à tous les convives à la fin d'un repas, c'est s'exposer à avoir mal aux oreilles !
(Tradition populaire)

Vitesse (kuai)

快

Qui se hâte est un homme grossier.
(Li Tan Gong)

Ce n'est pas la voiture qui roule vite, ce sont les jambes de son tireur.
(Adage des tireurs de pousse-pousse.)

Vivre (huo)

活

Vivre, c'est grimper au sommet de la montagne de couteaux et descendre au fond de la mer de feu.
(Tradition populaire)

Vivre, c'est participer à une course qui, de toute façon, prendra fin. Pourquoi vouloir à tout prix la gagner ?
(Tradition populaire)

Voie (dao)

道

Qui, le matin, a compris le Dao peut mourir le soir.
(Confucius)

Le Dao qui engendre et nourrit forme les désirs ; le Dao où tout communique forme les émotions ; l'un et l'autre forment l'univers.
(Dai Zhen)

Si vous ne pratiquez pas vous-même le Dao, pourquoi votre épouse et vos enfants le pratiqueraient-ils envers vous ?
(Meng Zi)

Le bon chemin est jalonné de sources.
(Tradition populaire)

La voie la plus large mène au bonheur.
(Tradition taoïste)

Du Dao est né « un » (matière première de l'univers), « un » a engendré « deux » (yin et yang), « deux » a produit « trois » (l'union mutuelle) et « trois » a créé tous les êtres.
(Lao Zi)

Le chemin se dessine quand la charrette arrive au pied de la montagne.
(Tradition populaire)

Le Grand Chemin existait avant le ciel et la terre.
(Lao Zi)

Le Grand Chemin est inégal et sinueux.
(Lao Zi)

Continuer son chemin comme s'il était toujours large et plat.
(On ne doit pas être rebuté par les difficultés)
(Yi Li Gua)

Quand l'un avance sur une voie radieuse, l'autre s'engage sur un simple tronc d'arbre : il n'a pas perdu tout espoir.
(Tradition populaire)

Voisin (lin)

鄰

Les voisins sont liés comme les lèvres et les dents.
(Tradition populaire)

Parenté lointaine ne vaut pas proche voisinage.
(Variante du précédent)

Voleur (tou)

偷

Sur le point d'être pris, le voleur monte sur les tréteaux (du théâtre en plein air) et crie : « Au voleur ! »
(Tradition populaire)

Il est plus facile d'être voleur pendant mille jours que de s'en prémunir pendant mille jours.
(Tradition populaire)

Mieux vaut voler une fois que mendier trois fois.
(Tradition populaire)

On a retrouvé la coupe d'or perdue dans le chignon du voleur.
(Bei Shi Zu)

Un grand voleur doit posséder les cinq qualités du Dao : par la sagesse, trouver le magot, avec prudence calculer les chances de l'entreprise, avec courage, se rendre le premier sur les lieux du vol, avec héroïsme en partir le dernier et avec justice partager le butin.
(Zhuang Zi)

On ne rejette pas un grand général parce qu'il a volé deux œufs.
(Shi Ji)

Voyage (lu xing)

旅 行

Quand on voyage, la terre se change tantôt en vaste mer, tantôt en champ de mûriers.
(Comme si le voyageur, immobile, contemplait un paysage changeant.)
(Tradition populaire)

Le voyage a été fatigant : on s'est nourri de vent et on n'a bu que la rosée.
(Tradition populaire)

Vulgaire (su)

俗

L'homme vulgaire est incapable d'exécuter de grandes choses.
(Lun Yu)

Celui qui confond le noble et le vulgaire n'a plus qu'à ranger son bonnet sous ses chaussures.
(Shi Ji)

Y

Yi King (yi jing)

易經

Le *Yi King* est le grand livre des transformations.
(Yi King)

Wang Qi, ayant entendu son oncle expliquer le *Yi King*, cessa de le traiter en pauvre d'esprit.
(You Xue)

Yin Yang (yin yang)

陰陽

Deux symboles entrent dans la composition des « gua » (trigrammes, figures de base du Yi King) : Yang, le Ciel, symbole du principe mâle et Yin, la Terre, symbole du principe femelle.
(Confucius)

Le dur et le mou sont en contact permanent et agissent l'un sur l'autre comme les deux principes Yin et Yang.
(Li Le Li)

Ce qui vient se contracte ; ce qui va se développe : Yin et Yang.
(Yi King)

Au cinquième mois de l'année, Yin entre en lutte avec Yang.
(Calendrier Xia)

Le Ciel tourne de gauche à droite et la Terre de droite à gauche, tels le prince et ses sujets, tels le Yang et le Yin.
(Bai Tong)

Le Yin est faux et le Yang se trompe.
(Se dit quand l'imprévisible fait irruption dans une affaire pourtant bien planifiée.)
(Ruan Da Cheng)

Z

Zèle (re yin)

熱心

Le magistrat à la perspicacité trop raffinée devient vicieux et précipite la morale dans la confusion.
(Zhuang Zi)

Zizanie (shi fei)

是非

Le chef de guerre avisé divise l'ennemi au lieu de renforcer sa cohésion.
(San Shi Liu Ji)

Mettre des plumes de Zhen dans la coupe de vin.
(Symboles de la médisance, les plumes de l'oiseau Zhen, trempées dans du vin, se transforment en poison.)
(Ti Yu)

Zodiaque (huang dao)

黄道

De quel animal dépendez-vous ?
(Autrement dit : « Quel âge avez-vous ? ». Les douze animaux du zodiaque chinois correspondent chacun à une année. Il est donc facile de déduire l'âge de son interlocuteur… à douze ans près !)
(Tradition populaire)

Le cheval et le buffle se détestent, le rat et la chèvre se détestent, le chien et le coq se détestent, le serpent et le tigre se détestent, le lièvre et le dragon se détestent, le singe et le porc se détestent : ce sont les « Six Inimitiés ».
(Avant de conclure une affaire, on s'assure de l'année de naissance des partenaires afin d'éviter l'incompatibilité de certains animaux du cycle.)
(Huang Li)

Le rat peut ronger les cornes du buffle.
(Le premier animal du cycle empiète sur le second.)
(Chun Qiu)

Un cycle de soixante ans n'est qu'un instant.
(Allusion au cycle des douze animaux du zodiaque passant, chacun, par les cinq éléments.)
(Tradition populaire)

BIBLIOGRAPHIE

I. Textes et auteurs classiques

Shi san jing zhu shu *(Grand Livre des trois classiques)*, 1887, Éditions trilingues (chinois, latin, français) Cathasia, Leiden, Paris, 1950-1956.

Yi Jing *(Livre des changements)*, v. ***Shi san jing zhu shu*** *(Grand Livre des trois classiques)*, Annales du musée Guimet, éditions Maisonneuve, Paris, 1964.

Yue Ling *(Observances mensuelles)* suivi du ***Hia Siao-tcheng*** *(Petit Calendrier des Hia)*, Nice, 1972.

Shu Jing *(Annales anciennes)*, v. ***Shi san jing zhu shu.***

Shi Jing *(Poèmes anciens)*, v. ***Shi san jing zhu shu.***

Han Wei cong shu, Shanghai, 1895.

Li Ji *(Usages et Cérémonies)*, v. ***Shi san jing zhu shu.***

Chun Qiu *(Annales des printemps et des automnes de la principauté de Lu)*, Éditions trilingues (chinois, français, latin), Cathasia, Leiden, Paris, 1950-1956.

Zuo Qiu Ming (ve siècle av. J.-C.), ***Zuo Zhuan*** (commentaire sur le *Chun Qiu*), v. ***Shi san jing zhu shu.***

Zuo Qiu Ming (ve siècle av. J.-C.), attribué à, ***Guo Yu*** *(Récits des principautés)*, 1919, Éditions trilingues (chinois, français, latin) Cathasia, Leiden, Paris, 1950-1956.

Gu Liang Chi (ve siècle av. J.-C.), ***Gu Liang Zhuan*** (commentaire sur le *Chun Qiu*), v. ***Shi san jing zhu shu.***

Zhou Li *(Institutions des Zhou)*, v. ***Shi san jing zhu shu.***

Yi Li *(Bienséances et Cérémonies)*, v. ***Shi san jing zhu shu.***

Lao Zi (vi^e^ siècle av. J.-C.), ***Dao De Jing*** *(Livre de la Voie et de la Vertu)*, v. ***Han Wei cong shu***, 1922.

Da Xue *(Grande Étude)*, v. ***Shi san jing zhu shu.***

Zhong Yong *(Invariable Milieu)*, v. ***Shi san jing zhu shu.***

Lun Yu *(Entretiens de Confucius et ses disciples)*, v. ***Shi san jing zhu shu.***

MENG ZI, philosophe (372-289 av J.-C.), v. ***Shi san jing zhu shu.***

Xiao Jing *(Piété filiale)*, v. ***Shi san jing zhu shu.***

Jia Yu *(Récits de la famille de Confucius)*, Éditions trilingues (chinois, français, latin), Cathasia, Leiden, Paris, 1950-1956.

GUAN ZI, homme d'État (mort en 645 av J.-C.), *v.* ***Zhong hua shu ju*** et ***Bo Zi quan shu***, 1919.

ZHUANG ZI, philosophe taoïste (IVe siècle av. J.-C.), ***Nan Hua Jing***, v. « Zhuang Zi ji shi », édition de 1894.

SUN ZI, stratège, homme d'État et philosophe (IIIe siècle av. J.-C.), v. ***Wang Xian Qian*** et ***Bo Zi quan shu***, 1919.

HAN FEI ZI, philosophe légiste (IIIe siècle av. J.-C.), v. ***Bo Zi quan shu***, 1919, Pékin, 1974.

HUAI NAN ZI, philosophe et alchimiste taoïste (mort en 122 av. J.-C.), v. ***Bo Zi quan shu*** et ***Han Wei cong shu.***

T'ai-yi Kin-houa tsong-tche (*Traité de la Fleur d'Or du Suprême Un*), Paris, 1970.

YANG ZI (53 av. J.-C.-18 ap. J.-C.), ***Tai Xuan Jing***, v. ***Yang Yun*** in ***Yan Ke Xun***, 1884 et le ***Han Shu***, chap. 24, 27 et 56.

JUE YUAN (IVe siècle av. J.-C.), ***Li Sao*** *(Chagrin dissipé)*, 1774, v. ***Shi Ji***, chap. 84.

LI SI, ministre de Qin Shi Huang (mort en 208 av. J.-C.), v. ***Yan Ke Xun***, 1894 et ***Shi Ji***, chap. 87.

LIU XIANG (80 av. J.-C.-9 ap. J.-C.), ***Zhen Guo Che*** *(recueil d'anecdotes).*

SI-MA XIANG RU, poète (mort en 126 av. J.-C.), v. ***Ding Fu Bao, Wen ming shu ju***, 1911.

SI-MA QIAN (163-85 av. J.-C.), ***Shi Ji*** *(Mémoires historiques)*, v. « Ding Fu Bao », « Tai shi gong zi xu » (préface de Si-Ma Qian lui-même) et *Histoires canoniques* 1887, 1892.

JIA YI, homme d'État (IIIe siècle av. J.-C.), v. ***Bo Zi quan shu***, 1884.

LI LING, général d'armée (99 av. J.-C.), v. ***Yan Ke xun*** et ***Wen Xuan.***

Si Jing Za Ji *(Mémoires divers de la capitale occidentale).*

Yan Tie Lun *(Controverse sur le fer et le sel)* (81 ap. J.-C.), Éditions Sinica Leidensia-Institutum sinicologicum Lugduno-Batavum, 1931.

BAN GU (mort en 92 ap. J.-C.), ***Qian Han Shu*** *(Annales de la première dynastie des Han).*

ZHANG HENG, historiographe et astronome (78-139).

WANG CAN, poète (177-217).

NI HENG, poète (IIe siècle).

ZHU GE LIANG, général d'armée (181-234).

CAO ZHI, poète (192-232).

YANG HU, homme d'État (mort en 278).

XI KANG, écrivain et homme d'État (223-262).

ZUO SI, poète (IIe ou IIIe siècle).

LU JI, poète (261-303).

FAN YE (IIIe siècle), ***Hou Han Shu*** *(Annales de la seconde dynastie des Han).*

CHEN SHOU (233-297), ***San Guo Zhi*** *(Annales romancées des Trois Royaumes).*

Shui Ru *(Au bord de l'eau)*, Shanghai, 1974.

GUO PO, philosophe et alchimiste taoïste (276-324).

WANG XI ZHI, calligraphe (321-379).

LI MI, homme de guerre et écrivain (mort en 618).

Qin Shu *(Annales des Qin)* par FAN XUAN LING (578-648).

WANG PU, poète (648-675).

Nan Shi et ***Bei Shi*** par LI YAN SHOU (VIIe siècle), v. *Histoires canoniques.*

MENG HAO REN, poète (689-740).

WANG WEI, poète (699-759).

LI BO, poète (699-762), v. ***Wang Qi***, 1760.

DU FU, poète (712-770), v. ***Chou Zhao Bie***.

HAN SHAN, sage bouddhiste de la secte « Chan » (Zen) philosophe et poète (VIIIe siècle).

HAN YU, homme d'État, philosophe et poète (768-824).

LIU ZONG YUAN, poète et calligraphe (773-819).

Bo Ju Yi, poète (772-846).

Du Mu, poète (803-852), v. ***Quan Tang Wen***.

Lin Ji Yu Lu (Entretiens de Lin Ji, l'un des pères du bouddhisme zen, mort en 866), v. Tokiwa Daijô, ***Shina bukkyô shiseki tôsa ki*** *(Notes d'inspection des vestiges bouddhiques en Chine)*, Tokyo, 1938.

Fan Zhong Yan, écrivain et homme d'État (989-1052).

Su Xun, écrivain (1009-1066).

Si Ma Guang, historien et homme d'État (1017-1072).

Wang An Shi, écrivain et homme d'État (1021-1086).

Su Shi, poète, commentateur et homme d'État (1036-1101).

Su Zhi, poète et homme d'État (1039-1112).

Mi Fei ou Mi Fu (1051-1107), ***Hua Shi*** *(Carnet d'un connaisseur en peinture)*, v. Wang Shi zhen (1526-1590), ***Wang shi hua yuan*** (compilation de textes sur l'art), P.U.F., Paris, 1964.

Lu Yu, poète et historien (1125-1210).

Zhu Zi ou Zhu Xi, commentateur (1130-1200).

Liu Ji, homme d'État (1311-1375).

Wang Shou Ren, écrivain et homme de guerre (1472-1528).

Wen Zhen Ming, écrivain et calligraphe (1470-1559).

Wang Shi Zheng, écrivain et poète (1526-1590).

Xu Wei (1520-1593), ***Jin Ping Mei*** *(Fleurs de prunier dans un vase d'or)*, Sou-Tcheou, 1610

Zhong Chen (xvie siècle).

Lu Shi Zhong (xvie siècle).

San Shi Liu Ji *(Traité des trente-six stratagèmes)*, édition commentée par Wu Gu, 1979.

Zhu Da (Ba Da shan Ren) peintre et l'un des « quatre moines » (1626-1715).

Pu Song Ling (1640-1715), ***Liao Zhai Zhi Yi*** *(Contes fantastiques du Pavillon du Loisir)*, édition commentée par Wang She zhen, 1766.

Qian Qian Yi (xviie siècle).

Jie Zi Yuan Hua Chuan *(Traité de peinture du jardin grand comme un grain de moutarde)*, Shanghai, 1887-1888.

YUAN MEI (1716-1797).

CAO XUE QIN et GAO O, ***Hong Liu Meng*** *(Le Rêve dans le pavillon rouge)*, édition de Pékin, 1792, Éditions Guy Le Prat, Paris, 1957.

LU XUN (1881-1936) écrivain, auteur de nouvelles *(Journal d'un fou, Véritable Histoire de Ah Q)*. V. *Nouvelles choisies de Lou Sin*, Pékin, 1956.

TCHANG KAÏ-CHEK, ***Nan Jing yan jiang*** *(Discours de Nankin, 1932)*, Taipei, 1957.

MAO ZE DONG, ***Cinq essais philosophiques***, *(Petit Livre Rouge)*, Éditions du Peuple, Pékin, 1965.

II. Compilations, dictionnaires, essais

Bei Wen Yun Fu (compilation entreprise sous le règne de Kang Xi et publiée en 1704), 1886.

CHENG ANNE, ***Histoire de la pensée chinoise***, Le Seuil, Paris, 1997.

COTE ANNIE et LY DENISE, ***Han fa cheng yu ci dian*** *(Locutions et Proverbes)*, Pékin, 1979.

COUVREUR F. S. s. j., ***Dictionnaire classique de la langue chinoise***, Ho-kien-fou, 1911, réédition Kuangchi press, 1966.

COUVREUR F. S. s. j. (sous la direction de), ***Cheu King***, édition sino-franco-latine « Ho Kien Fou », Mission catholique, 1896.

DOAN PATRICK, TIAN WANG XIANG et WEN ZHONG FU, ***Han fa cheng yu ci dian*** *(Dictionnaire chinois-français de catachrèses quadrisyllabiques)*, Pékin, 1984.

DORÉ H. s. j., ***Recherches sur les superstitions en Chine***, édition « T'ou-sè-wè » Shanghai, 1911-1938.

DORÉ H. s. j., ***Manuel des superstitions chinoises***, Cathay Press, Hong Kong, 1970.

Fa han ci dian *(dictionnaire bilingue)*, Pékin, 1969.

GILES H.A., ***A Chinese-English Dictionary***, Londres, 1912.

Gong Wen (Pièces officielles).

Guan Shi Yin pou sa ling bei tu (tirages divinatoires bouddhistes), Macao, 1951.

Han fa ci dian (dictionnaire chinois-français), Pékin, 1964, Commercial Press, 1990.

Han yin de fa cheng yu ci dian, Pékin, 1995.

HSU SUNG-NIEN, ***Anthologie de la littérature chinoise***, Librairie Delagrave, Paris, 1933.

Jia Bao Ji *(Trésor des familles).*

JIN GU QI GUAN *(Faits remarquables anciens et modernes).*

Kang Xi Zi Tian (dictionnaire imprimé en 1716 sous l'ordre de l'empereur Kang Xi).

Li Xian Zhang Zheng Zong Tong Sheng Ri Li, Hong Kong, 1975.

LI XIAO (né en 1950), ***Hong men fa*** *(La Loi de la Triade,* traduit aussi *Shanghai Triad),* Flammarion, Paris, 1995.

MARGOULIÈS Georges, ***La Langue et l'écriture chinoise***, Payot, Paris, 1957.

MATHEWS R. H., ***A Chinese-English Dictionary***, Harvard, 1947.

MILLOT Stanislas, ***Dictionnaire des formes cursives des caractères chinois***, Éditions E. Leroux, Paris, 1909.

PA KIN (1904-1995), ***Huai nian cong wen*** *(A la mémoire d'un ami).*

SERRES Patrice, ***Règle du jeu de Xiang Qi***, Éditions Impensé Radical, Paris, 1971.

SHIEH Joseph, ***Dans le jardin des aventuriers*** *(Shanghai au temps des concessions étrangères)*, Le Seuil, Paris, 1995.

SMEDLEY Agnes, ***The Great Road-The Life and Times of Chu Teh*** *(Mémoires du maréchal Zhu De)*, Monthly Review Press, New York, 1956.

WILLIAMS F. H., ***How to operate the abacus*** (manuel d'utilisation du boulier chinois), Éditions Kelly and Walsh, Shanghai, Hong Kong, Singapour, 1936.

Xin hua zi dian (dictionnaire de poche), Pékin, 1971.

You Xue *(Connaissances nécessaires aux jeunes étudiants).*

Yuan Ren Za Ji, diverses pièces de théâtre (comédies) composées au temps des Yuan (1206-1341).

ZHOU XING SI (VIe siècle), ***Qian Zi Wen*** *(Livre des 1000 caractères)*, Shanghai, 1933.

ZHU LIN, ***Hong men zhi***, Shanghai, 1947.

TABLE DES ILLUSTRATIONS

p. 12-13 : La Cité interdite, à Pékin (au fond, la Montagne de charbon et les Trois Lacs).

p. 22-23 : Porte Sud de la Cité interdite. Au premier plan, la Rivière aux eaux d'or.

p. 36-37 : La Rivière aux eaux d'or. A chaque pont correspond, symboliquement, un ordre donné par l'empereur.

p. 56-57 : La Cité interdite vue de la Montagne de charbon. Au premier plan, la porte Nord, dite " du génie militaire ".

p. 70-71 : Cité interdite. La salle de l'Harmonie suprême (salle du Trône).

p. 86-87 : Vue de l'intérieur de la porte de l'Harmonie suprême (au fond, la porte Sud).

p. 106-107 : Détail d'un toit de la Cité interdite.

p. 120-121 : Enfilade des trois lacs. A droite, la Cité interdite et la Montagne de charbon.

p. 138-139 : Vue de la Grande Muraille de Chine, au nord de Pékin.

p. 148-149 : Reconstitution de la porte Qian Men, reliant la ville tartare à la ville chinoise dans l'axe de Tian An Men.

p. 160-161 : L'une des trois grandes rue axiales de Pékin.

p. 178-179 : Pékin. Muraille séparant la ville tartare de la ville chinoise.

p. 194-195 : Le Dagoba blanc, sur l'île des Hortensias, au milieu du lac Bei Hai, à Pékin. Ce monument a été érigé par le cinquième dalaï-lama en signe d'allégeance à la dynastie chinoise régnante.

p. 204-205 : Vue aérienne de l'île des Hortensias.

p. 214-215 : Institut des orphelins du père Doré. L'entrée.

p. 230-231 : Institut des orphelins du père Doré. Vue générale.

p. 244-245 : Quartier flottant d'Aberdeen, à Hong Kong.

p. 258-259 : Vue du Bund, le quartier commercial et touristique de Shanghai en 1930.

p. 274-275 : Vue de Wen Qian, sur le haut Yang Zi.

p. 280-281 : Un sampan sur le Yang Zi.

Les culs-de-lampe utilisés dans ce livre représentent les pièces du Xiang Qi, le jeu d'échecs chinois.

Cet ouvrage composé
par Atlant' Communication à Sainte-Cécile
a été achevé d'imprimer
dans les ateliers de France Quercy
à Cahors (Lot)
en octobre 1999
pour le compte des Presses du Châtelet.

Imprimé en France
N° d'édition : 65 – N° d'impression : 92314
Dépôt légal : novembre 1999